93歳、支えあって生きていく。

山城ぬくもりの里　顧問

細《ほそ》井《い》恵《え》美《み》子《こ》

Gakken

93歳、支えあって生きていく。

もくじ

第1章 毎日いきいき。元気もりもり！

第2章 明るく楽しく、つながりあって、支えあう。

※本書は、著者の細井恵美子さんのこれまでの人生と体験をもとに書かれたエッセイです。本書に登場する方々のお名前はすべて仮名です。また、一部の表現については歴史的に当時の社会情勢を考慮して、それが使われた当時のままにしてあることをご了承ください。

第1章　毎日いきいき。元気もりもり！

「当たり前のことができる日々を、もっと大切に、感謝しながら暮らす。」

振り向いた瞬間、フラッとしてバランスが右方向に崩れるのを感じました。「倒れる！」——なんとしても頭を打たないように、右の腰も股関節全置換術を受けているため、ダメージを加えないように日ごろから注意していたのに——一瞬、頭の中をさまざまな思いが駆け巡りました。

なんとか体ごとの激しい転倒は避けられたものの、右手の痛みは尋常ではなく、同時に右半身を捻《ね》じったような違和感もありました。

受診の結果、骨折がなかったのは不幸中の幸いでしたが、診断と本人の痛みや不自由さは別ものです。これから当分の間、この痛みや不自由さとつきあわなければならない情けなさがこみ上げてきました。と、どこかで、「利き手を痛めた患者さんたちは、みなさんこの同じ痛みと不自由を乗り越えられたんだ」という意識がのぞき、「この程度のことでくじけていては」と自分の気持ちを奮い立たせていました。

スラックスを下ろしたり、服を脱ぐことも不自由でした。とくに入浴は背中に手がまわらないため、思うように体が洗えません。

洗面も同じように不自由でした。まるで猫が顔をなでるようなしぐさで顔を洗います。すっきりしない毎日でした。

ところが、ケガをしてから明日で1週間。その朝、洗面をしようとすると、自然に右手が左手と一緒に顔全体をやさしく覆っていました。

右手が今までと同じように動くようになった。同じように洗面ができる。こんな些細なことで、こんなにうれしい思いを実感したことが今まであったかしら、そう思うと涙が出ました。当たり前のことができている日々を、もっと大切に、感謝しながら暮らしていきたいと思いました。

私の気まぐれ人生訓。生きるって、気まぐれでいいんです。

高齢になるとともに行動範囲は狭くなりましたが、その代わりに物事への関心を広げようと、あらゆるジャンルに興味を持つようにしています。社会や自分の生活、仕事に必要なことは、できるだけ深く読み解き、理解したいと思っています。

また、一生働けるような働き方ができるようにと考え、自己流ですが勉強も続けています。おかげさまで90歳を通り過ぎて、なお働くという人生に恵まれました。生涯現役でいるために、さらに自分の体について注意深くし、疲労を感じたら、なにをおいても休むようにします。風邪《かぜ》を引いて休んだことは一度もありません。新型コロナウイルス感染症にも、幸い罹《かか》りませんでした。

大切なのは、水分をしっかりとること。仕事の疲労度にあわせて睡眠時間は6時間から8時間。とくに気をつけていることは毎日の入浴、頻回な手洗いとうがいで、帰宅後は入念に行います。

洗濯に耐えられるものは、毎日着替えて洗濯します。毎朝15分ほど整容に時間を取ります。ほかの人から見える自分が不快の原因にならないため、年だからと気を抜かないようにしています。

気分の持ち方を整えるために、通勤時の衣服も毎日できるだけ替え、電車の中で読めるように必ず本を持参します。

心を整理する方法は書くことです。書くことで自分を客観視できます。

相手とのコミュニケーションは、その人の中に私にないものを見つけて接しています。人それぞれに違いますから、どのような人からでも学ぶことがあるのだと、出会いを楽しみにしています。

これが、私の気まぐれ人生訓です。

「ひとり暮らしは快適ですが、不安があれば備えも必要です。」

ここ数年、近所の人が次々に他界されたり、施設に入られたりして、町内の世帯が変わってきました。最近、ひとり暮らしだったお隣さんも「施設に入りました」と、娘さんからのメッセージがポストに入っていました。

私も、今こうして元気なうちに、「最期をどこで過ごすか」を考えておきたいと思っていますが、離れがたい理由も、手放したくないという物もさしてないのに、住み慣れた家、人生の大半を過ごしたこの家や土地から離れがたいという思いがあります。

ひとり暮らしについて、身近な人からは「心配だ」とよくいわれますが、本人にとってはこれほど充実した暮らしはないと思っています。

気をつけていることは、今まで通りの生活、買い物や料理、食生活が続けられ、清潔が保たれること。これらが私の独居生活が許される条件ではないかと自分で決めています。具体的には、洗濯とゴミ出しが楽しくできなくなった時に、施設入所を考えなければと思っています。

最近は不安を感じることもありますが、それについては地域の広報誌に「65歳以上のひとり暮らしの市民にシルバーホン（簡易型緊急通報装置）を貸与できる」という記事がありましたので、さっそくその手続きをして設置したいと思っています。ひとり暮らしに不安がある方は、ぜひこうしたサービスの利用を考えてみてください。

私も93歳。日々、体力が衰《おとろ》え、加齢による変化が感じられます。逆らわず、よく考えて受け入れ、明日もまた明るい一日を過ごしていこう――そう思いながら自分と向きあっています。

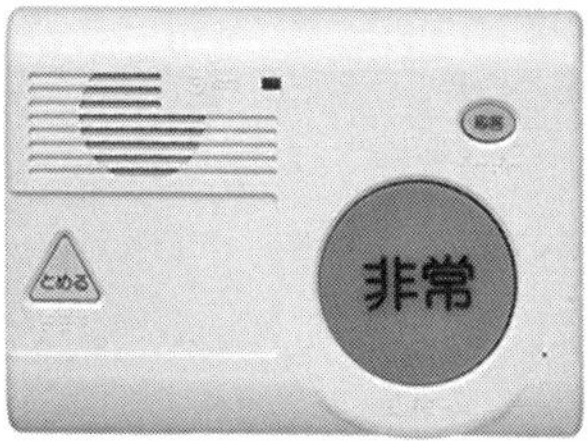

シルバーホンはワンプッシュするだけで登録先に緊急通報ができます。

「最期は自分らしく──その人らしい命の終《しま》い方を大切に。」

介護保険制度が始まる以前、末期の肺ガンで、「残された時間は2か月。それも約束はできない」と宣告された山田さんという方がいました。

「家に戻りたい。自分が建てた愛着のある家で最期を迎えたい」

介護する奥様の負担も考えずに懇願されるため、主治医も根負け。在宅での生活に切り替えて、毎日往診や訪問看護をすることになりました。

自分の家に帰ると、病気はどこかに吹っ飛んだのかと思えるほど明るくなられ、妻の手料理に大満足。好きなビールの小瓶を毎日1本空けるほど元気になりました。しかし、そのような状態も長くは続きません。

ある日、山田さんは主治医に「ビールが飲めたから今までがんばれました。

ビールが飲めなくなった時がお別れですな」とつぶやかれたそうです。

　そして退院から2か月。在宅での暮らしを思うままに生き、静かに旅立たれました。主治医は、こういいました。

「最後の1週間はビールだけで命をつないでもらったようなものだ。点滴するとビールが飲めなくなるって、山田さんが嫌がられたんだよ。自分の体は自分が一番よく知っているといつもいっておられたから、あれでよかったと思う」

　野辺の送りを終えて、あいさつに見えた山田さんの奥様は、

「主人のわがままを聞いてくれはって、ありがとうございました。『最後は自分らしく生きたい』というてましたから、好きなようにして悔いのない終わり方ができたと喜んでいますでしょう。私たち家族もみんな喜んでおります」と。

　そこには故人への深い愛と、私たち医療者に対し、その人らしい命の終《しま》い方について考えさせられる、貴重なメッセージが感じられました。

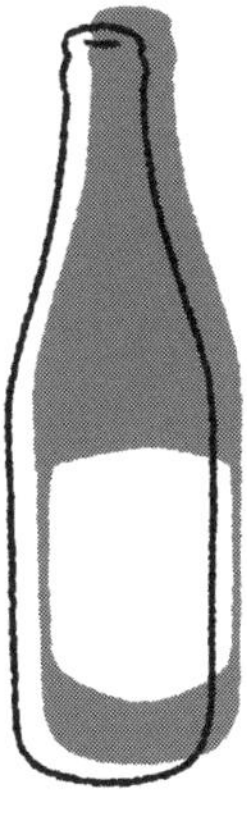

「普通に暮らすことができれば、それが一番のしあわせです。」

国民学校高等科2年生の時、クラスの女子では私だけ、そして男子4人が学徒動員に出されることになりました。戦争で後方支援の人手がないから——そんな理由だったと思いますが、学校の先生も話を持ってきた人も、誰ひとりとして私にわかる説明はしてくれませんでした。

私はその時、父が出征《しゅっせい》した時のことを思い出しました。赤紙を持った大人がきて、うやうやしく父と母に手渡して帰りました。私の学徒動員も父の出征《しゅっせい》と同じように、命令を受ける立場では反論の余地のないことなのでした。

その年の8月15日、私は国鉄の天橋立《あまのはしだて》駅に勤務の日でした。天橋立《あまのはしだて》駅の駅長から待合室に集まるようにいわれ、そこで敗戦の玉音《ぎょくおん》放送を聴きました。

当時の私は、どうせ負ける戦争のために自分の学校生活が犠牲にされたことに腹が立っていました。しかし、命を落とした仲間たちの数は膨大です。授業を受けることが当たり前のようにして学校生活を過ごし、無事に卒業できたことを心から喜ばなければと思うようになりました。

考えてみれば、学徒動員をきっかけに私は早くに社会の仕組みや動きに関心を持つようになりました。そして70年以上、医療と福祉の道を歩んできました。少々のことで動じたりはしませんが、こうして働き、暮らせる日々は当たり前のことではありません。一つ間違えば一瞬にして壊れてしまいます。

富や栄華を求めず、普通に暮らすことができれば、それが一番のしあわせ。毎日に感謝して生きていきたいものです。

14歳。学徒動員を経験し、国民学校高等科を卒業した時の写真です。祖父のコートを直して着ました。

「どこでどのような死を迎えるかを、人生設計の一つに、と思います。」

父は、昭和61年の冬に83歳で他界しました。寡黙《かもく》な人で、滅多に自分の体調を人に話すような人ではなかったように思います。

その父は昭和52年、腸間膜《ちょうかんまく》の血栓症《けっせんしょう》で大手術を受けました。執刀医が翌日の朝、「昨夜手術した爺さんは生きてるか」といわれるほど重篤《じゅうとく》な状態でした。

しかしながら、幸いにも手術は成功して回復。しかし、それから5年後に母が亡くなり、父はひとり暮らしとなりました。

やがて、次第に元気がなくなり、兄の家族と同居するようになりました。私も週末は実家に帰って父の世話をしましたが、帰宅のたびに「最期の時が近づいている」との思いを強く感じるようになっていきました。

ある金曜日の夜、父が入浴したいといい、私は軽くなった父を抱えて入浴させました。久しぶりの入浴でさっぱりした父は、いつになくよく話しました。そして、「明後日、葬式があるようだ」といったのです。

兄に問うと、「そんな話はどこからも聞いていない」とのこと。「父が自分のことを予知しているのではないか」――兄も私もそう思いました。

そして日曜日の朝、父の呼吸がいつもより浅くなりました。ああ、最期の時がきた――そう思い、父の好きな日本酒を準備し、父の唇を湿らせました。

父はかすかな笑みを残して、両手を高く伸ばし、息を引き取りました。

間もなく医師が到着、臨終の宣告を受けました。83歳の最期を自分の思う形に納めた父は大往生だった――私たち兄妹にとって誇らしい最期でした。

在宅での死は、逝く人に対する愛情や惜別《せきべつ》の思いを広げ、目の前の一つひとつの変化や動きを印象深く心に刻んで過ぎていきます。どこでどのような死を迎えるかを、自分らしく生きていくための人生設計の一つに、と思います。


「どこでどのような死を迎えるかを、人生設計の一つに、と思います。」

「自分らしく生き抜くとは、やわらかい心で生きられること。」

新型コロナウイルス感染症が騒がれる前、兄の家族に加わって近距離の旅行をしました。90歳という兄を案じて、車椅子を準備しての出発です。湯の山温泉に1泊し、翌日、ロープウエイで山頂を目指しました。ロープウエイの終点から山頂までは、距離にして200メートルほどですが急坂です。「ここからは車椅子に乗って」と、甥《おい》たちが兄に車椅子に乗るように勧めるのですが聞き入れません。ところが、頂上の看板が視野に入るところまできて突然、兄がバランスを崩して倒れかけたため、容赦なく車椅子に乗せられました。

後日、家族が集まった席で、兄は「あの時はもうあかんと思った」とその時の心境を神妙に話し、傍《かたわら》にいた姪《めい》に「初めから車椅子に乗ったらいいのに。みんなに心配かけるだけでしょうが」と小言を聞かされていました。

高齢になれば、計り知れないハプニングが前触れなくやってきます。私自身も、まわりの人の気持ちに素直になろうと思いながら話を聞いていました。

硬い土壌は雨をはじき、虫も寄りつかず、草木も根づきませんが、やわらかい土には昆虫や鳥が足を止め、糞や食べかすなどを運び、間もなく美しい植物を育てます。硬い石のように意地をはる兄、家族の話を頑《かたく》なに聞き入れなかった兄の、あの時の心を思いました。

自分の思うように生きたい。しかし、それは身体能力や認知能力によって人それぞれで誰もが可能ではありません。

無理をしないこと、無理をさせないこと。同時に、自分の身体能力や、認知能力が今の社会にうまく適応できているか、能力が、体力が維持できているかをやわらかい感覚で考えましょう。

いずれにしても、受け入れられるような素敵な高齢期を過ごしたいものです。

「争いごとや心配ごとがないように、成年後見制度を知っておく。」

家や財産に関することになると、「身内で解決しなければ」とがんばりすぎて家族関係がこじれ、ひいては虐待につながるケースがあります。

そうしたことを避けるために、どのような相談窓口があるのか、どのような対応方法があるのかなど、普段から関心を持っておきたいと思います。

とくに認知症や知的障害、精神障害などによって判断能力が充分でなくなった人たち（当事者）は、相手に意思を伝える能力を失っている場合があります。

そのような場合、当事者を理解し、当事者の権利を守る支援者が必要です。

今、独居や老夫婦世帯が増えています。安心できる老後と、私たちの権利を守るために、成年後見制度（法定後見）を理解しておきたいと思います。

成年後見制度（法定後見）は、後見・保佐・補助の3つに分かれています。

①後見は、多くの手続・契約などをひとりで決めることがむずかしい方

②保佐は、重要な手続・契約などをひとりで決めることが心配な方

③補助は、重要な手続・契約の中でひとりで決めることに心配がある方

成年後見人になれる人は、弁護士、司法書士、社会福祉士、税理士等の専門職や本人の親族、法律や福祉に詳しい立場の人で、当事者の財産を当事者に代わって管理し、法律上の責任を負います。成年後見人は、

①家庭裁判所の許可を得て当事者の財産から報酬を受けます

②財産目録を作成し、当事者の不動産や預貯金等を管理します

③日々の生活に必要な支出や収入を記録管理します

また、当事者が入院したり、福祉サービスが必要になったりした場合、当事者に代わって契約を行うこともできます。自ら知識を広げていくことで、今よりもっと豊かな老後が見えるような気がします。

「特殊詐欺《さぎ》に騙《だま》されない！ 警察相談専用電話は「#9110」。」

ある日、地域警察の生活安全課から電話がありました。電話などで相手を騙《だま》す、いわゆる「特殊詐欺《さぎ》」に関するお話です。地域で注意していただくように周知してほしいというお願いの電話でした。

毎日のように新聞やテレビで呼びかけられているのに、いまだに騙《だま》される人があることに驚きながら話を聞くと、すでに何百万円というお金を振り込んだという家族もあるとの話でした。同時に、子どもを案じる親の気持ちにつけ込んだ悪辣《あくらつ》な犯罪に怒りを感じます。

犯人の手口は巧妙で、電話の向こうで「ゴホッ、ゴホッ」と咳《せ》き込みながらかけてくるそうです。「声が違う」というと、「風邪《かぜ》を引いて喉《のど》をやられた」と、他人であることを感づかれないように巧妙に対応してきます。

　そして、体調不良を訴える息子になりすまし、「交通事故を起こした」「横領が発覚して返済しないと訴えられる」「女性を妊娠させたのでお金が必要だ」などなど、家族に不安を与えておいてお金を振り込ませるのです。

　しかし……そこでちょっと待ってください。少しでもいつもと違うと感じたら、すぐに社会福祉協議会や地域包括支援センター、警察に相談して、相手の手口に乗らないようにしましょう。

　このような親の愛情につけ込んだ巧妙な手口に騙《だま》されないように、少しでも不審に感じたら、すぐに通報。「#9110」は、電話をかけた地域を管轄する警察本部などの相談窓口につながる全国共通の電話番号です。身近なところで被害者が出ないよう、お互いに注意していきましょう。

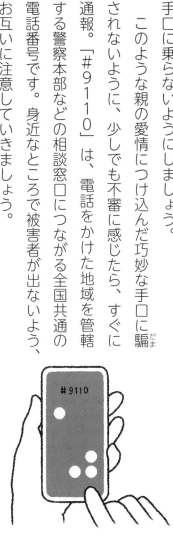

町の繁栄と衰退、日本の歴史。思い出を次世代に語り継ぎましょう。

私の生まれた町は、米づくりと養蚕《ようさん》を兼業する農家と、丹後ちりめんの織屋で生計を営んでいました。実家は家で食べるだけの作物をつくるほか、まだ仕事に余裕があったので、果実の栽培や養蚕《ようさん》もしていました。

春になると我が家の一番大切な仏間に2段の棚をつくり、蚕《かいこ》を飼ったものです。棚に桑の葉を敷き詰め、まるで宝物のようにして育てていました。

私たち家族の寝室はその部屋の隣にありましたが、朝目覚めるとサクサクと蚕《かいこ》が桑の葉《は》を食む音が聞こえてきました。蚕《かいこ》は白くきれいな幼虫から茶色く色づき、自分で体をよじりながら丸い繭《まゆ》へと変化していきます。その様子が面白く、また不思議で、毎日蚕《かいこ》の部屋をのぞいていたのを思い出します。

私が生まれ育った京都府与謝郡にあった生家です。自然豊かな土地でした。

家には、真っ白い俵のような形の繭《まゆ》を絡ませて糸を紡《つむ》ぐ繰糸《そうし》機もありました。祖母が繭《まゆ》から糸を紡《つむ》ぐその傍《かたわら》で、繭《まゆ》を転がしながら遊んだ記憶があります。

桑の葉は朝早く祖父が摘み、新しい桑の葉を棚に敷き詰めていました。桑畑は、子どもたちの遊び場でした。学校から帰ると桑の木に駆け寄り、戯《たわむ》れながら熟した桑の実を、口のまわりが紫色に染まるほど食べたものです。

養蚕《ようさん》が終わると、桑の木の幹が露《あら》わになります。木の割れ目の中に、白い蚕《かいこ》のような形の幼虫が潜んでいました。母は滋養《じよう》があるからと、その幼虫を集め、調理して私たちに食べさせてくれました。白い大きな幼虫は不気味でしたが、その味は魚の卵のようにやさしく、おいしかったように思います。

ところが、昭和15年ごろのことでした。学校から帰ると、父や兄が桑の木を掘り起こしているのです。戦争が激しくなり、絹は国民には贅沢とされ、軍事にのみ使われるようになったのだと大人たちが話していました。丹後ちりめんや製糸工場なども、たちまち軍事品の製造に駆り立てられたと聞きました。

幼い思い出に、「加悦《かや》の春祭り」があります。祭りには町をまたぐほどずらりと縁日の店が並び、カーバイド（照明）の臭いが漂っていました。

祭りの日の沿道には店が並び、狭くなった大通りに天神様の神輿《みこし》や山車《だし》、お神楽《かぐら》が繰り出しました。祭囃子《まつりばやし》に誘われて近隣の村から訪れる人たちも多く、町は人であふれました。毎年、サーカスも興行にきていました。サーカス一座の中には女の子がいて、興行の間、同じクラスで一緒に勉強しました。懐かしい思い出の中に、都会の子らしいお洒落《しゃれ》でかわいい女の子の姿を覚えています。

また、やわらかい絹の地肌に小さなシボ（凸凹）を織り込むちりめんの技法は、私の育った町の織職人によって発案され、明治時代には海外にも注目されたといわれています。大正時代には早くも加悦《かや》鉄道が引かれ、織りあがった反物を売買する商人の往来を活発にしました。

しかし戦争によって、私の町の様相は変わっていきました。朝から夕までカチャンカチャンと絶え間なく響いてきた機音も次第に少なくなり、私の町はみるみるうちに衰退していったのです。今では小さな我が町の歴史を生きて語れる人も少なくなり、ひっそりとたたずむ「ちりめん街道」が唯一当時の名残《なごり》をとどめ、町の盛衰を語るのみとなっています。

丹後ちりめんの町が故郷《ふるさと》であることは私の誇りです。しかし、これほど大きな変容を見せた戦争の影響を、次世代への教訓として語り継いでいくことも、100年の人生を目指す者の責任だと思っています。

「町の繁栄と衰退、日本の歴史。思い出を次世代に語り継ぎましょう。」

「伝える手段が多様化する時代。自分を大切にしましょう。」

ある雑誌の取材を受けました。取材はオンラインでしたので気楽でしたが、よく理解できていないいため心細さがありました。事前の打ちあわせがあるわけでなく、どのようなことを聞かれるのかとドキドキでした。

お顔は画面でよく見えましたが、雰囲気までは把握できません。心を通じさせることは不十分なまま質問に答えていかなければなりませんでした。

慣れないこともあり、本当の自分がわかってもらえるのだろうかと不安でもありました。

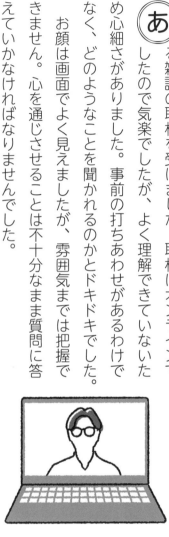

それから数日後、「記事になりました。ネットで見ていただけます」という連絡を受けました。必要な要件を伝えていただきましたが、取材を受けた本人が取材後まとめられた内容を確認し、共有できないまま多くの人に自分の情報が届いてしまうという流れに少し疑問を感じました。

昔は直接会って話したり、電話や手紙などで伝える方法が主でしたが、今はさまざまな情報伝達の方法が競われています。デジタルに慣れない高齢者にとっては、十分納得できないような情報の伝え方にとまどうこともあります。幸い記事の内容は好評だったようですが、取材を受けた当事者としては、今一つすっきりしません。取材を受けたというか、個人情報を提供した人間の主体性や尊厳が軽視されないように自身も新しい社会に適応し、対等に話しあえるように努力しなければと思う体験になりました。

さまざまに多様化する情報伝達手段について少しばかり警戒心を持ち、対応していかなければと思います。

「健康法は誰かを真似るのではなく、自分の体と相談しながら。」

たまに、「お元気に活動されていますが、秘訣はありますか?」といった質問をされることがあります。しかし、お腹が空いたら食べる、眠くなったら眠るなどで、これといった健康法や秘訣があるわけではありません。

目標は、加齢による変化を受け入れながら、昨日までと変わらない一日を過ごすことです。

ただ、朝食はしっかり食べます。和食派ですから米飯は100グラム、あとは卵やハムなどと野菜。野菜も煮物が多いのと、酢の物は毎日のように準備しています。

お茶が好きで、急須350ミリリットルを2杯は最低。

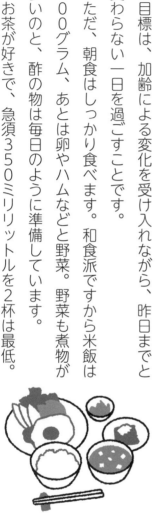

そのほかに、味噌《みそ》汁や澄まし汁。生野菜も欠かさずとるようにしていますが、冷蔵庫にない場合は果物に変えたり、青汁も準備しております。

お昼は職場でいただきますので、一定のカロリーやバランスが考えられています。夕食は7時までに食べる時は比較的多めに食べますが、7時より遅くなる時は少し量を減らしたり、脂っこいものは避けるようにしています。

私の食生活はどちらかといえば朝に多く、夕食は控えめにしています。

健康法はその人によって違います。今までの生活環境や、職業からくる習慣にも影響されると思います。また食事の内容にもよるでしょう。

健康法は誰かを真似るのではなく、自分の体と相談しながら、食事内容を考えたり、仕事内容によって摂取量を加減してみたり、なにより自分の体の状態をしっかり意識することが大切ではないかと思います。

私の健康法は、1日1000ミリリットル以上の水分摂取と、体調と相談しながらの食事のとり方を考えることです。

「　健康法は誰かを真似るのではなく、自分の体と相談しながら。　」

「一見健康そうに見える人でも、他人にはわからない悩みがあるもの。」

幼少のころ、私はよくお地蔵さんや、お寺にお参りをしました。今でもうっすら記憶の中に、祖父と参ったお地蔵さんが浮かんできます。山の小さな祠《ほこら》に祀《まつ》ってあるかわいいお地蔵さんには、赤い前掛けが掛けてありました。

祖父はお祈りをしたあと、お供えの水を笹の葉ですくい、痒《かゆ》くて赤くなった私の目に何度か振りかけてくれました。

「目にありがたいお地蔵さんで、このお水のおかげで恵美子と同じように目が赤くなり、痒《かゆ》くて困っていた子の目がようなった《良くなった》そうだ。お地蔵さんに頼んだら恵美子の目もようなる。どうか治してくださいってお祈りするだ」

祖父や祖母が大好きだった私は、いわれるままお祈りし、お供えの水で目を濡らしながら、「ようなりますように」と祈ったものです。

大人になってからも状態は良くならず、赤目と痒《かゆ》みに悩み、25歳のころに「痒《かゆ》みの原因は睫毛乱生《しょうもうらんせい》だ」と診断され、逆さ睫毛《まつげ》であることがわかりました。一見健康そうに見え、日常生活にはなに一つ不自由がなくても、人には他人にはわからない痛みや悩みがあるものです。

お地蔵さんのご利益は気休めでしかなかったかもしれませんが、今も健康に恵まれ、守られている自分を喜び、祖父や祖母が「女の子だで《女の子だから》、顔は大事だで《顔は大切》。なーなんなっとしてやらな《なんとかしてやりたい》」――そういいながら、注いでくれた深い愛情に心から感謝しています。

先日、生まれて初めて「やさしいまなざし」だと、私のしょぼくれた目を褒《ほ》めていただけることがありました。亡き祖父母にも伝えたい、そう思いました。

「一見健康そうに見える人でも、他人にはわからない悩みがあるもの。」

不自由でも自分なりに工夫すれば、案外できてしまうものです。

ある日、玄関を出て戸締まりし、体をもとに戻そうとした瞬間、ヒザの力が抜け、回転するように転んで右手首を床に打ちつけてしまいました。

その夜、時間外外来で受診し、打ち身と捻挫《ねんざ》と診断。安静にして損傷部を冷やすように指示され、シップ薬と痛み止めを処方してもらって帰宅しました。

帰途、打ち身や捻挫《ねんざ》は診断の割にはつらいケガだと思いました。打ち身や捻《ねん》挫《ざ》は時間をかけて治癒《ちゆ》を待つしかなく、当分は痛みと不自由さ、そのための精神的な苦痛との闘いです。私は、手首をできるだけ動かさないようにと厚紙を手首に巻き、その上からテープで固定して仕事に向かいました。

93歳という年齢では、一日の過ごし方が身体の活動面に大きく影響するということがよくわかっているだけに、一日も怠惰には過ごせない――そんな気持ちが働きます。そのためには、のんびり痛みとつきあってはいられません。

今まで日常的に行っていることを自分なりに工夫して、指先の代わりにヒジやワキを使ったり、ハサミや箸《はし》、スプーンなどを使って代用しました。また、左手を訓練して、蛇口《じゃぐち》を開いたりお米を研いだり、野菜を切ったりもしました。

こうして不自由を自分なりに工夫してみると、無理だと思っていたようなことも、案外できてしまうものだと実感します。しかも、なにかができたあとの達成感は、普段感じられない喜びにもつながるのです。

自分自身の油断から、ケガを経験し、職場や友人たちには心配や迷惑をかけましたが、自分で采配できる力を持ちながら、不自由に耐えることの苦痛、悔しさを知ることができました。とはいえ、そうした中でも人間にはなにかをやり遂げたあとの喜びがあるのだということを、転倒事故から学ぶことができたと思っています。

「不自由でも自分なりに工夫すれば、案外できてしまうものです。」

「感染症対策は健康づくりが大切。日々の洗濯も大切です。」

その昔、洗濯はすべて手洗いでした。洗濯台もなく、たらいに水を沸かした湯を運び、地べたにひざまずいて洗濯板でもみ洗いしました。

何度も湯を運ぶのが大変で、洗い終わると大きな衣類は川に運んですすぎました。

すすぎ終わると、力一杯洗濯物を絞って竿《さお》にかけて干します。この工程を考えれば、病院では蛇口《じゃぐち》をひねるだけで水やお湯が出たのでずいぶん楽でした。労力も手間もうんと楽になり、少し文化的な暮らしに近づけたと思ったものです。

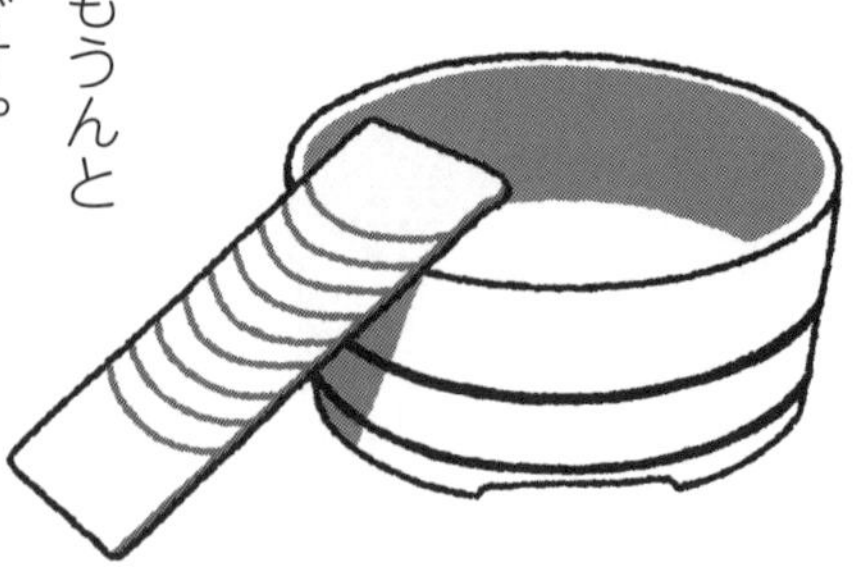

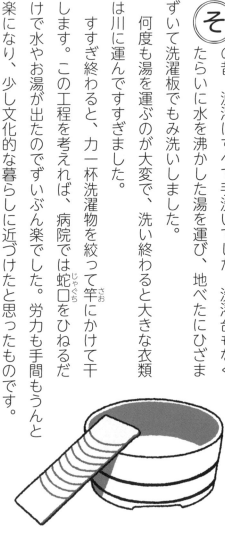

昭和35年ごろまでの洗濯機はハンドルをまわして脱水する機種でした。間もなく脱水まで自動でできる製品が発売され、やがて乾燥やしわ取りまで一台の洗濯機で完結できる高機能洗濯機も登場。時代とともに戦後のあの暮らしからは考えられないほど洗濯という作業は進化しました。

感染症の予防も考え、私は仕事で着用する衣類と寝衣は毎日洗濯するようにしています。仕事上の責任と自覚も伴い、今や洗濯は習慣となっています。感染症はウイルスや細菌をもらわない、寄せつけない。また、自宅や職場に持ち込まない、もし感染しても広げないことが肝心です。日々の暮らしの中での予防法として、入浴と同じように洗濯も大きな一役をかっています。

将来、洗濯はどのように進化するのでしょう。小さな粒子を投入するだけで洗濯ができてしまうようになるのでしょうか？　私は現状の機械式のまま、水と熱と時間で行う洗濯方法で、感染予防も考慮しながら、より省エネで安価な最新式洗濯機が開発されることを願っています。

いつもと違う体調や気分を感じたら、すみやかに診察を受けましょう。

高齢者は足もとが不安定で、油断をするとつまずいて転倒し、骨折したり頭を打って起き上がれないといったことが起こります。

私も自転車に乗ろうとして転倒したことがあります。倒れる瞬間、第一に思ったことは「頭を打たないように」ということでした。

ケガの場合は障害の部位もわかりやすく、早く適切な手当てが受けられます。しかし、目眩《めまい》やふらつきなどがきっかけで転倒した場合は原因がはっきりせず、とかく年齢や睡眠不足、疲れのせいにして放置してしまいがちです。

普段健康な人の場合は、「昨日まで元気だったのに急に倒れた」という状態を招くことも少なくありません。外から見えない脳内の血管が詰まり、神経の伝達が妨げられることによって起こる障害は、時に急速に、時に数日間かかってじわじわと進むこともあります。

いずれにしても、少し不安な状態に気づいた場合、すみやかに診察を受けて原因をはっきりさせ、適切な治療や生活指導を受けるようにしましょう。

また、夏場は気づかないうちに脱水症になっていることがあります。熱あたり、あるいは熱中症とも呼びますが、症状は目眩《めまい》、ふらつき、頭痛や吐き気などです。重症になると、意識障害や痙攣《けいれん》なども起きます。

いつもと違う体調や気分に気づいたらすぐに水分をとり、医師の診察を受けて原因を確かめ、安心できる状態に戻すことが大切です。

脱水症が原因になり、初めは軽度の認知機能の揺らぎであったものが、その後の生活に影響するような症状に進んだという症例は少なくありません。

脳は人間にとって大切な中枢ですから、日ごろから十分気をつけて健康な状態を維持し続けるように努力したいと思います。

「病気やケガをしたら、自分の体と話しあうことが回復への早道。」

数年前、帰宅途中に転倒して左大腿骨《ひだりだいたいこつ》を骨切し、3か月の手術・入院を余儀なくしました。術後、トイレに立とうと力を入れましたが、不安で立ち上がることができません。やむなくナースコールを押して介助を求めました。

3日目にようやく歩けるような気持ちになり、立ち上がりを見守ってもらいながら車椅子に移乗（乗ってきたものを移ること）することになりました。

看護師さんは、私がどのように移乗をしようとしているかを聞き、「床に足裏をしっかりつけて立ち上がりましょう」「まっすぐ体を伸ばして」「それから次の動作に移りましょう」とアドバイスし、体の動きを誘いながら声をかけてくれました。看護や介護の現場で、正しい移乗の仕方を学び、時には教えてきましたが、自分のことになると過信から間違った動作をしていたのです。

いよいよ本格的なリハビリが始まり、筋力を強化する目的や、関節の可動域を広げるためのリハビリが理学療法士によって始まりました。基本は安定した正しい姿勢をとること。そこからの動作の積み重ねが大切です。

リハビリに使われた方法は40種目にもなりましたが、いずれも基本は正しい姿勢と動作、そして呼吸にありました。

リハビリは、自分の骨や筋肉と息づかいにしっかり向きあうことから始まります。手術を受ける前の健康なころの自分をイメージしながら、骨や関節、筋肉と話しあいを続けます。

疲れない程度の負荷をかけ、ゆっくりと体をもとの状態に整えていきます。

完全にもとに戻すことは難しいですが、意識の中では今までの健康な自分をイメージし続けながら、基本を大切にすることが回復への早道につながるようです。

「当たり前は喜び。当たり前のありがたさ。」

日々の暮らしの中で、入浴は食事を味わう楽しさ、良眠できた朝のさわやかさ、排泄のあとの爽快感などと並び、生活の中の大きな楽しみです。

少年時代に事故にあい、脊椎《せきつい》損傷のために下半身が不自由になられた武井さんは、入浴も簡単ではありません。ある日、武井さんのお母さんと一緒に、機械浴での入浴をお手伝いしました。リフト浴用の機械での入浴です。

「子どものころ、父親と一緒に、湯船につかったことを思い出します」

感極まった表情で武井さんがひと言。お母さんは顔を両手で包むようにして言葉になりません。後日、武井さんに入浴の感想を聞きました。

「健康な人が温泉を楽しまれる気分がわかります。僕の場合、それ以上に快適で、うれしかったです」と、喜びを伝えていただきました。

その昔は、今のように便利な機械浴槽がなく、それぞれの病院が工夫しながら患者さんの希望に沿うように努力していました。

肺ガン末期の洋子さんの病室を訪問した時、洋子さんが退屈そうにされていたので洗面器にお湯を入れ、寝たままの彼女の手を片手ずつ洗面器の湯につけ、湯浴びをしてもらいました。足浴ではなく、手浴です。彼女は目を閉じ、

「お湯に体をつけるなんて、もうできないと思っていました。気持ちがいいお風呂に入ったようです。もう少し、このままにしていただいていいですか」

そういって涙ぐまれていました。湯船につかる、体の一部を湯につける――このことが病める人、動けない人にとってこれほどまでに心を癒やし、楽しませることができるのです。当たり前のことは、喜びそのものなのです。

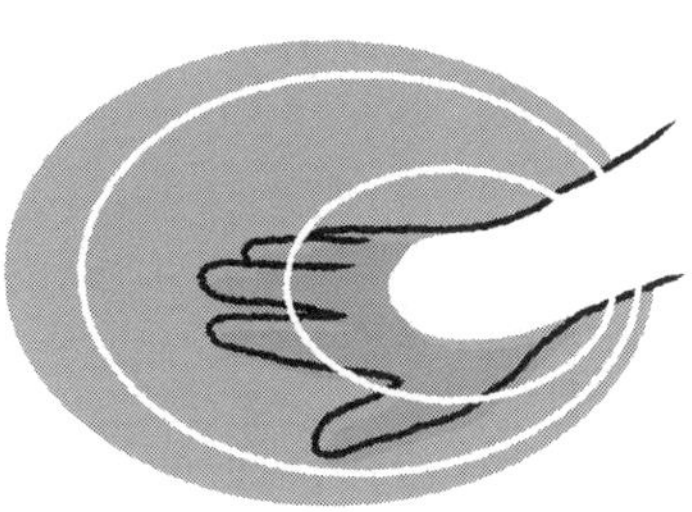

「　当たり前は喜び。当たり前のありがたさ。　」

「今一度食べたい、懐かしいあの味。思い出してみてください。」

子どものころ、田植えの準備ができた田の畔《あぜ》にはきれいにこなれた泥を塗りつけ、大豆《だいず》や小豆《あずき》を植えるための小さな穴をつくり、その中に豆を入れて育てる準備をしていました。米が育つ良質な田んぼの同じ土で、無駄なく豆を収穫しようという農家の知恵でした。

幼い私は、その穴に小豆《あずき》を2粒ずつ置いていきました。そのあとから兄が土をかぶせてまわります。収穫が近づくと、刈り取ってまだ若いと思われる豆は殻から外して、豆ご飯にしたり、おかず用に煮ました。採りたての小豆《あずき》は皮も軟らかくて香りもよく、格別のおいしさだったように思います。

成人してから、この採りたての小豆《あずき》ご飯に出会ったことはなく、つい記憶から遠のいていましたが、ある時、「今までで一番おいしかったと思う食べ物はなんですか」と尋ねる機会があり、自分に戻り、懐かしさが甦《よみがえ》ってきました。

おそらく幼い日のこうした思い出の中には実際の味ではなく、その場の父や母の言葉や、まなざしのようなものがまじりあって、一つの味に凝縮されているのではないか、そう思いました。

働くことに喜びを感じ、無我夢中で走り続けた人生。今立ち止まって思うことといえば、今はもう手に取ることもできない思い出の味、しかもその味が私の人生にとって一番の味だなんて、なんだかさびしいようですが……。

いや、そうではなく、もっと深い人としてのなにか——それが愛情、それが豊かさなんだとささやいているのです。

みなさんも、もう一度食べたい懐かしいあの味を思い出してみてください。

「自由は〝その人の心と時間〟にあり。長生きするなら自分らしく生きる。」

長寿の時代となり、〝生きることの意味やその質〟について深く考えられるようになりました。

高齢者に「長生きしたいですか？」と聞くと、「長生きしたいけれど、歩いたり食べたり、おしゃべりできたらのこと」という答えが返ってきます。「自由のない暮らしなら、早くお迎えにきてほしい」という答えが多く聞かれます。

自由とは個別的であり、欲求や環境などさまざまな要件が絡みあっていて難解です。私は、その人の自由は〝その人の心と時間〟にあるように思います。

かくいう私はといえば、人一倍自由を生きたい人間です。

私の求める自由とは、第一に健康で、自立して活動できること。

第二に自分の意思が伝えられ、他人の気持ちをくみ取ることができること。
第三に自分のやらなければならないことを選択でき、挑戦できること。
第四は、善悪を常識的に判断できること。
また、働くことは自由の土台です。自由だからこそ働き、自立した暮らしができます。

今93歳を迎え、自分の体調に応じた仕事をしながら暮らしを維持しています。素直な気持ちで若い人に手伝ってもらったり、話したり、勉強したり、できることは断らないで体当たりしています。時には失敗もありますが、自分の失敗は自分の責任だと考え、引きずらないようにしています。

つまり自由とは、自分がどれだけ自分らしく生きられるかだと思うのです。

今日も元気に働いて、心から自由を感じています。

「歌いながら歩いてみましょう。懐かしい思い出が顔を出すでしょう。」

高齢者の場合、物忘れがある程度進んでも、歌の出だしを口ずさんであげると歌える歌は多いように思います。また、歌詞を見なくても歌える歌も多く、歌は高齢者の生きてきた人生を回想することに役立ちます。さらに、認知機能のレベルや、生きてこられた時代をうかがうこともできます。

歌詞がなくても思い出して口ずさまれる歌には、母親として育児のまにまに子どもたちに聞かせた歌もあるでしょう。また、幼いころに歌ったわらべ歌などもあるかもしれません。

「もういくつ寝るとお正月」「年の始めのためしとて」などは、お正月の歌として馴染みのある歌になっており、すぐに大合唱になります。お年玉の話や初詣の話などが歌に続き、みなさんの表情も明るくなります。

2月は節分です。「鬼は外　福は内」「雪や来《こ》ん来《こ》　あられや来《こ》ん来《こ》」は歌いやすく、男女の区別なく元気の出る童謡です。ご利用者さんが豆の代わりに丸めた新聞紙を鬼に扮した職員に投げつけると、職員は「やられた〜」といわんばかりのパフォーマンス。笑い声が弾み、その場の空気が明るくなります。

3月は「灯《あか》りをつけましょぼんぼりに」の雛祭り。この歌は、女性は年齢に関係なく記憶しているようです。物忘れが少し進んだ方でも、すぐに曲にあわせてついてこられます。歌うと、みなさんの表情がかわいらしくなります。

4月は、入学式の思い出がみなさんの気持ちを高めます。「あの時は校門の前の桜が満開だった」「4月は花見で楽しかった」と話される人。誰かが小声で「さくらさくら」を歌い始めると、みんなが一斉にさくらの合唱です。この歌も誰でも歌えて心の和む歌です。

5月は「夏も近づく八十八夜　野にも山にも若葉が茂る」の茶摘み歌。

この茶摘み歌は明るいイメージとともに、声が出しやすく、みんなが精一杯力を入れて歌えるように思います。声が出しやすく歌いやすい歌は、音頭を取りながら少しテンポを早め、変化についてこれるかを確かめたりしていますが、みなさんうまくついてきてくださいます。

歌うことは脳はもちろん、全身の力を使います。とくに食事をするために必要な口や舌、のどに力が入り、同時に姿勢もしっかりします。誤嚥《ごえん》の予防にもなり、思い出の数が多いほど認知症の予防にも役立ちます。

さらに歌うことは、声を出すこと、呼吸をすること、考えること、曲にあわせることなど、細やかに神経を使います。どれも日々の生活の中で、なに一つ欠かせない神経の働きです。

みなさんも、ぜひ歌いながら歩いてみてください。きっと懐かしい思い出が顔を出すことでしょう。歌いやすい歌を歌い、昔を思い出しながら、若々しく、生き生きした老後を過ごしたいものですね。

施設に咲くバラの花の前で。バラの花で浮かぶ歌、を考えてみましょう。

「今この時だけでも安心して、落ち着いた時間を過ごせますように。」

認知症とは社会とのつながりがなんらかの事情で途切れてしまったり、少しかみあわなくなってしまった状態のように思います。

そしてその世界はなにも答えがなく、もどかしく、一寸先もわからない不安を伴い、恐ろしく感じられる世界なのだろうとも考えます。

その人の心の深層は見えませんが、ともに悩み、悲しみ、その不安に揺れる感情を、今この瞬間だけでもおだやかな気持ちに戻し、ほっと気を抜いて過ごしてもらえたら――そう思いながら、寄り添っています。

細胞が壊れて、うまく普通の生活とつながらなくなった状態でも、不安や怒り、喜びの感情は残っています。その感情がさまざまな形になってその人の前に現れ、その人の心を揺さぶっている――そう思いやりながら話を聞きます。

その場に適した言葉を選び、その人の気持ちに近づくように考えます。すると時々、自分でも驚くほどしっくりその心のひだに入り込み、その人の満面の笑みを見ることがあります。その瞬間の私自身の喜びは格別です。

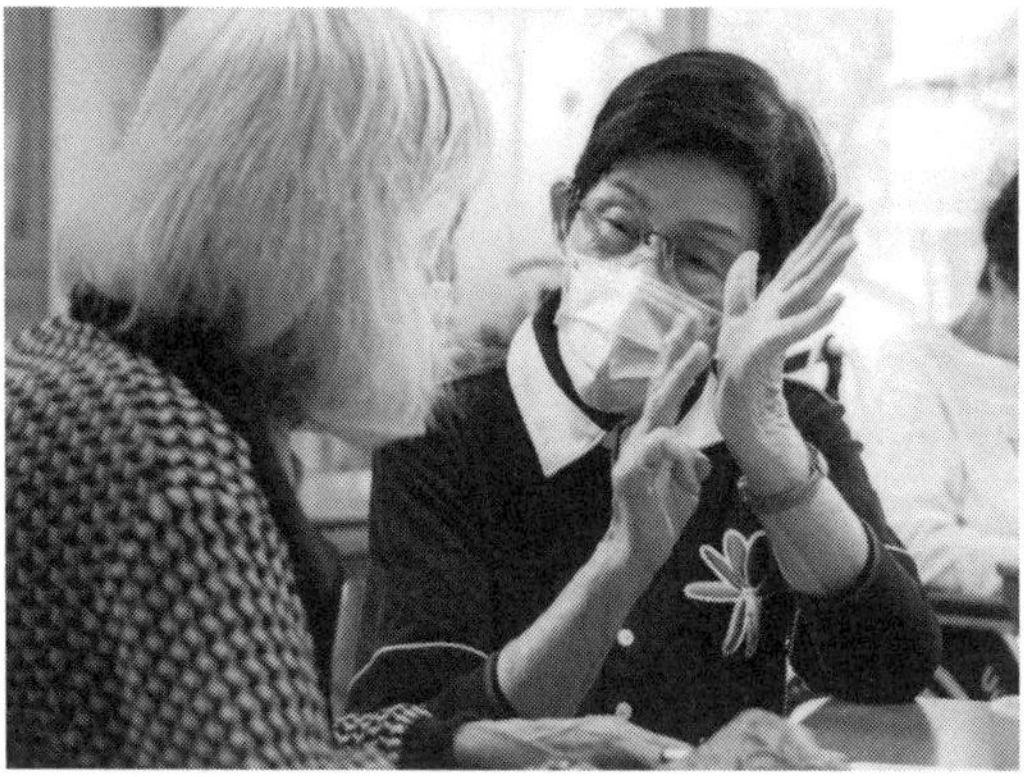

おだやかに過ごしてほしい。そう思いながら寄り添っています。

今食べた食事のことも忘れてしまう人も、その瞬間はうれしそうに「ありがとう」と返事が返ってきます。

難しいコミュニケーションですが、自分の気づきを否定したり、あきらめたりしないで自然のままに。前向きに考え、その人が今この時だけでも安心して、落ち着いた時間を過ごせるようにと考えていきます。

「今この時だけでも安心して、落ち着いた時間を過ごせますように。」

「琴線《きんせん》に触れる一曲の歌が、硬くなった心を開くこともあります。」

デイサービスご利用者の岸田さんは、手伝えば手芸作品を完成させることができますが、できあがった作品は隠すように荷物にしまい込まれる方です。作品はみんなで出来栄えを褒《ほ》めあっていますが、頑《かたく》なに拒否されます。

トイレや入浴も急に激しい拒否が始まることがあり、介護スタッフが混乱することもあります。岸田さんは目の前のことは理解できますが警戒心が強く、楽しさや喜びなど、情緒的な面での共感や感動の場面があまりうかがえない方のように思っていました。

ところがその日、キャッチボールでボールを落とした人が歌を歌うという遊びをしていました。梶さんがボールを落とされ、『リンゴの唄』を歌いました。

歌いやすい、昭和の大ヒット曲です。みなさん、大きな声で楽しく歌いました。

すると歌い終わって、岸田さんが「もう1回歌ってほしい」とささやかれたのです。私は驚いて、もう一度聞き直すほどでした。こんなことは彼女がデイサービスにこられるようになって初めてのことです。私は、もう一度『リンゴの唄』を歌おうと、みんなに声をかけました。途端に急にこみあげてくるものを感じ、目の前が曇《くも》ってくるのを覚えました。

岸田さんは昭和5年生まれ。戦時中に育ち、昭和20年、終戦後初めて全国的に大ヒットした『リンゴの唄』に、さまざまな思い出があったのでしょう。

並木路子《なみきみちこ》さんの明るく元気な歌声に、敗戦の混乱の中で勇気づけられた多くの人たち。

岸田さんの心の奥にある、言葉にならないたくさんの思いに一歩近づけたうれしさと、岸田さんの心に今も豊かな感情がしまわれていることに感動したひと時でした。

「琴線《きんせん》に触れる一曲の歌が、硬くなった心を開くこともあります。」

「おやじ（主人）死んだ」と話す小田さんの摩訶《まか》不思議な話。

小田さんは認知機能障害がありますが、自身に関係することについては比較的しっかりと理解されていて、感心することがあります。その小田さんのもとに行くと、いきなり「おやじ（主人）死んだ」と話されました。

その30分前、ホームのリーダーから「小田さんのご主人が昨晩、亡くなられた」と聞いたばかりでしたが、小田さん本人にはまだ伝えていないはずです。「どうして小田さんは知っておられるの？」と確認すると、「ご家族の希望で、明日の葬式の前までは小田さんには伝えないことになっています」とのこと。

念のため別のスタッフにもう一度確かめてみると、「そうなんです。誰もスタッフはご主人のことを話していないのに、小田さんは夕べから『おやじ死んだ』と話してくださるのです」といいます。

虫の知らせか、あるいはご主人が夢枕にでも立たれたのでしょうか。

デイサービスをご利用のころ、ご主人は毎日、自ら小田さんの送迎をしておられました。約束の日にはかならずきてくださるご主人を、小田さんはなによりの楽しみに待っておられました。

（ご主人はなにかの形で、彼女のもとに心を残して旅立たれたのだろうか？）

私はさまざまに想像しました。会うなり「おやじ死んだ」と話された様子から、亡くなられたことを受け入れておられるには違いありません。

「さびしくなりますけど、お家《うち》の人も、私たちもいるから大丈夫ですね。一緒にがんばりましょう」

なぐさめ、励《はげ》ましているつもりの私に、毅然《きぜん》として「大丈夫」と頷《うなず》くだけの彼女に哀《あわ》れを感じ、同時に不思議にも思い、さらには人間を超越したような荘《そう》厳《ごん》さを感じたのでした。

「明日に希望を持ちながら、ひとり老いを生きています。」

乾 いた土壌のそこかしこに、小さな穴がたくさんあいていました。セミの幼虫がこの穴から地上に出てきたのです。

アゲハチョウも毎年姿を見せます。オリーブの木の枝から枝へと移動しながら、羽を閉じたり開いたりしつつ、さまざまな舞をアピールしています。

オニヤンマもたまに姿を見せますが、敏感で素早く、どこかに飛び去っていきます。トンボは盆前から盆過ぎによく見かけるので、私は父や母が会いにきてくれ

たのだと、あいさつしています。「私は元気です。来年もきてね」と――。

家の前の水路も、50年前には亀や鯉などがたくさん泳いでいましたが、今は水質が変わって姿が見えなくなりました。ミミズをせせりにくるのか、白鷺《しらさぎ》が時々水面から立ち去ります。

近くに森もなく木陰もないため、わが家の小さな庭を鳥や虫たちが休息の場にしているのでしょう。庭の土から、むっくり顔を出す初対面の草や木の芽。小さな花たち。虫や鳥、風によって運ばれてきた、うれしい自然の贈り物です。

住み着いて50年、まわりの景色は大きく変わり、幾何学《きかがく》的模様の建築物が広がっています。この地に住み着いたころ、田んぼや畑があり、つゆ草やドクダミやススキが密生し、夕顔も咲いていました。その風情が懐かしく、ここに住むことにしたのです。

今は虫や鳥のさえずり、風の音を友とし、明日に希望を持ちながら、ひとり老いを生きています。

老化は口から始まります。衰《おとろ》え予防にお口の体操を。

食べ物が飲み込みづらくなると、お腹から胃に管《くだ》を入れて、栄養食を流動化し、胃に送る「経管栄養《けいかんえいよう》」という方法が取られる場合があります。

「そんなことはしたくない」――そう思う人は少なくありません。私たち福祉関係者は最後まで口から食べてもらえるように努力しますが、まずは普段からのご本人の努力も必要です。

舌や唇のまわりの筋肉の衰《おとろ》えを予防するためによく噛《か》むこと。口のまわりの筋肉のトレーニングや、口腔内《こうくうない》の清潔を保ち、ひと口ずつしっかり飲み込むように注意していくことが大切です。

私たちの口は食べる、話す、笑う、飲み込む、吐き出すなど、

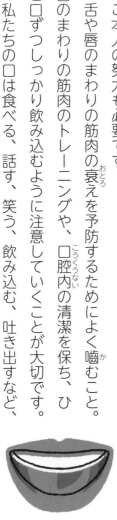

大切な働きをしています。飲み込みが悪くなってから訓練をするのではなく、元気なうちから衰《おとろ》え予防にお口の体操をしていきたいと思います。

よく知られている「パ・タ・カ・ラ体操」は継続することで嚥下力《えんげりょく》を高めることができます。「パ」は唇を閉じる力を強化します。「タ」は舌で食物を押しつぶす力です。「カ」は舌を後方に引き、食物を喉《のど》に送る力。「ラ」は、舌を上に動かす働きをし、同時に舌を使ってゴックンと飲み込みます。

このお口の体操、「パ・タ・カ・ラ」は発声訓練です。大きな声でしっかり口を動かし、リズムよく声を出します。途中から速度を上げて発音するのも嚥《えん》下《げ》反応を強化する上で効果があります。「パパパパパ」「タタタタタ」「カカカカカ」「ラララララ」を力強く3回繰り返します。一語一語しっかり口を動かすことが大切です。なにも準備はいりません、その場で今すぐ始められます。

さあ、今日から続けましょう。食べることは生きる楽しみです。いつかきっと、毎日やってよかったと思える時がやってきますよ。

「風邪《かぜ》を引きやすい冬の季節はたんぱく質やビタミンをしっかりと。」

農

家育ちの私は、季節ごとの畑でとれる野菜で育ってきました。畑に行けばその日の食卓の様子が浮かんでくる、そのような毎日です。今のようにお店に行って野菜を買うことは、お祭りや法事など特別な時だけでした。

ほとんど毎日、葉物野菜や根菜類、アジやイワシ、小さな乾燥小魚などが日常の食卓の光景です。味噌《みそ》や醬油《しょうゆ》、豆腐やコンニャク、梅干し、漬物なども、みな自家製でまかなっていました。父母や祖父が家族で一年に必要な量を「あやや」「こうや」と相談していた様子も、今思えば懐かしい風景です。

自分で調理した食事を口に運びながら、時々幼い脳裏《のうり》に焼きついているその当時の風景を思い出しながら、ひとり食卓を味わっています。

私は生食の洋野菜は毎日意識して食べていますが、根菜類や豆類などもできるだけ欠かさないようにしています。長く働いてきたこともあって、料理のレパートリーは乏《とぼ》しいですが、使う食材の栄養価には気を遣《つか》っています。

とくに冬に向けては風邪《かぜ》を引かないように、基礎体力や抵抗力を高めなければなりません。そのためには肉や魚、卵、乳製品などのたんぱく質をしっかりとります。また免疫力を高めるために、果物や野菜類などからビタミンCも積極的にとります。

風邪《かぜ》の侵入は喉《のど》や鼻、口ですから、粘膜を保護することも大切です。ビタミンAの豊富な緑黄色野菜も意識的にとるようにしています。

ところで、寒い日の食卓にはやっぱり鍋があいますよね。

今はもう昔話になった故郷《ふるさと》を思いながら、冷蔵庫の掃除もかねて、冬はいろいろな食材を使って栄養もたっぷりの、あたたかいお鍋を楽しんでいます。

「風邪《かぜ》を引きやすい冬の季節はたんぱく質やビタミンをしっかりと。」

灰の上で習った文字から、誤変換、誤字だらけの今に。

文字がきれいな人は心も真っすぐだと母はよくいいました。きれいな字を書こうと心して書けば誰でも書けないことはない、ともいっていました。明治34年生まれだった母は筆文字が美しく、慶弔《けいちょう》の封筒や、手紙の代筆などをよく頼まれていました。きれいな文字は母の誇りでした。

当時、紙の入手は難しく、私はかまどの前に母と並んで座り、灰の上に火箸《ひばし》で文字を書き、いろは文字や、名前を書くことを教わりました。

看護学校に入り、時々手にする母からの手紙はいつも筆文字でした。使われている紙は、包み紙の裏がほとんど。この様な親の資質を受けたため、私は教育や管理の仕事には向かない、くずれた文字が身につきました。

幸いにも、勤めていた病院でワープロが使えるようになり、やがてワープロからパソコンに移行。パソコンの機能を頼りに自分流で使うようになり、今に至っています。文字を書くことから、文字を打つことになったのです。

しかし最近は視力が乏《とぼ》しくなり、読み直しても誤字だらけ。「どうぞ、道中気をつけてきてください」と書いたつもりが「どうぞ転んできてください」と誤変換されていたりと失敗ばかりです。

自分では変換した言葉の意外性や面白さにお腹を抱えて笑ったりしていますが、受け取った先方は迷惑千万。気をつけなければと思いながら、文章がナゾみたいな内容になっていることが度々あるようです。

きちっとした文字を書く、文章にも気持ちを込めてと、いつも母に教えられていながら、この体《てい》たらく。それでも、みなさまにお詫《わ》びしながら、この手を止めたらあかん——そういい聞かせながら日々この本を書いています。

「灰の上で習った文字から、誤変換、誤字だらけの今に。」

「花を生けるような心を持って、美しく生きていきたい。」

小学校のころ、母方の従弟《いとこ》が華道の師範をしていました。私の家は祖父の道楽から生け花の材料になるような花や草木が大切に植えられていて、従弟《いとこ》はよく「生け花をたしなむ人がお稽古に使いたいから」と、祖父と相談しながら花や木を切って帰っていました。兄が高等科に入ったころ、母の勧めで、従弟《いとこ》の華道教室に兄と入門することになりました。

初めての作品は、父がつくってくれた竹筒の花器に生けた葉蘭《はらん》でした。１枚ずつ、ていねいに葉の表と裏を確かめながら、華道の心「天・地・人」の形を整えながら5枚の葉蘭《はらん》を生けました。

5枚の葉蘭《はらん》が整うようになると、次は7枚の葉蘭《はらん》です。もう少しで12枚という時、戦争が厳しくなり、従弟《いとこ》は戦場に召集され、華道教室は中断しました。

生け花は、ただ草木を生けるというものではなく、その花器や生ける人間の行儀に至るまで優美を追求します。幼いながら、その厳しさに触れる機会があり、その後、私は社会人になってからも華道を学びました。兄も家庭を持ってからも、折に触れて庭の草木を使って花を生けていました。

生け花は、その全体を自然界に見立てて「天・地・人」で構成し、凛《りん》とした美しさの中に、自然の偉大な徳と、人間の心を表現するという格調の高い美を醸し出します。

花や草木は、こうしてほしい、ああしてほしいなどとはいえません。その花や草木を手に、より美しく生けたいと思ったあの気持ちは、まわりの人に対するやさしさの心に通じるようにも思います。

美しく生きるとは、誰もがしあわせだと感じられる瞬間を、やさしい気持ちで届けられるように心を豊かにして生きていくことなのだと考えさせられます。

第2章 明るく楽しく、つながりあって、支えあう。

「相手を「愛《いと》おしい」と思う気持ちが、本当の介護につながっていきます。」

ある日、ご自分の思いを伝えることができない松本さんの昼食のお手伝いをしていました。お名前を呼ぶと、記憶の奥のほうから覗《のぞ》くようなか細い声で「はーい」と返事が返ってきます。このような状態でも、スプーンに乗せた食事を口もとに寄せると、しっかりと口を開けてくださいます。

3分の1ほど食べられた時、実習生が近づいてきました。まだ直接の介助にかかわったことがない実習生でしたが、私が「手伝ってくれますか?」とお願いすると、積極的にスプーンを手にしてくれました。

数口ほど介助してもらうと、実習生は私にスプーンを戻しました。

私は、「あなたが差し出した食事を、おいしそうに食べてくださると、なんだかその人が、とても愛《いと》おしく思えませんか？」と聞いてみました。

実習生は、「はい」と深く頷《うなず》いてくれました。

私は、「今のその気持ちの繰り返しが介護なのよ」と、言葉を添えました。

ご利用者にとって必要な〝食べる〟という行為を、私たちは、その人の感覚を頼りながらお手伝いし、その人の喜びを確かめます。その時、おそらく、その人の喜び以上のより大きな喜びや達成感を感じているように思います。この喜びを感じることなく、〝食べることを手伝っている〟としたら、それは作業であり、介護とはいえないのです。

誰かの介助をする時、あるいはお手伝いをする時。喜びや達成感、相手への愛《いと》おしさを感じること——。

その心が、本当の介護につながっていくことになるのだと思います。

相手を「愛《いと》おしい」と思う気持ちが、本当の介護につながっていきます。

認知症は、その人を責めない。指導や説得ではなく、ともに歩む。

認知症の人の介護は、ひと口にはいい尽くせません。専門的なサポートを受けながら、細かい網にかかった無数の塵《ちり》を取り除くように、ていねいなやさしさと忍耐強さが必要です。今まで、認知症という病気が疎《うと》まれてきたのは、病気そのものよりも、病気によって現れる多くの症状でした。

「認知症」とひと括りに呼んでいますが、「アルツハイマー型認知症」「脳血管性認知症」「レビー小体型認知症」「前頭側頭型認知症」など、医学的に確定されたさまざまな病名があります。それぞれに特徴がありますが、わかりやすい症状もあれば、複雑に絡みあって判断の難しい場合もあります。

介護は、まず健康なころのその人を良く知ることです。加えて、それぞれの病気による特徴を頼りに、発病からの経過や病気の進行度を考え、その人に残されている身体能力や知的能力、精神状態を考察し、今までの暮らしに役立つ力を探り、再び実用できるように本人と一緒に努力をします。

病気の発見が早ければ、時に症状の回復も見られるようです。適切なサポートを受けずに経過した場合、神経細胞や伝達機能の障害部位によって、あるいはその範囲によっては回復が難しく、症状を進行させてしまいます。

なにより大切なことは、症状はその人の変化でなく、〝病気がそうさせている〟ということを理解し、その人を責めないことです。今まで通りに寄り添い、リズミカルなやさしい刺激を、持続的に送り続けること。体操、散歩、手慣れた軽作業などで体を動かし、その人が日ごろ大切にしている思い出話などで場を盛り上げ、脳の活性化を図ります。

絵や習字、手芸、計算、スポーツなどを得意とする人もいます。その人の文化的な生活体験を介護に生かし、やりたいこと、やれそうなことを見つけて実践してみましょう。完成できると達成感が共有でき、信頼関係も深まります。

気をつけることは、その人の状態を見ながら、無理のない課題を選ぶことです。理解できない場面では目の前の光景が悲しみ、怒り、妬《ねた》み、嫉《そね》み、恨みなどの負の感情を呼び覚まし、いきなり激昂《げっこう》して投げ出すことがあります。

認知症の人は、孤独になると不安でまわりの状況がわからなくなります。慣れない環境に置き去りにしないこと。よく知る人が近くで根気よく声をかけると安心して表情が明るくなったり、生活力の向上が見られることがあります。

今までにない物忘れや失敗が気になったら、できるだけ早く物忘れ外来や地域包括支援センターに相談し、適切な指導を受けるとよいでしょう。

長い間、治らないといわれてきた認知症も、障害部位の周辺にある健康な脳細胞を活性化することで、失った機能を代替《だいたい》し、元気なころの記憶をとり戻すという報告を聞いたこともあります。医学的治療が完成されるその日まで、命の限り、ともに悩み歩んでいきたいと思っています。

話しかけ、その人の状態を見ながら、寄り添い、ともに歩むことが大切です。

「　認知症は、その人を責めない。指導や説得ではなく、ともに歩む。　」

「命が終わる時のおだやかな表情――人にやさしい認知機能障害。」

認知機能障害をもたらす病気にアルツハイマー型、レビー小体型、脳血管性、前頭側頭型、水頭症ほか、さまざまな原因による症状があることがはっきりしてきました。それでも今はまだ「認知症」という呼び方が一般的に使われていて、当事者の気持ちを暗くしているのではないでしょうか。

私が看護師になった昭和23年ごろは認知症とは呼ばず、認知機能に障害のある方は「痴呆《ちほう》」「ボケ」などと呼ばれていました。やがて作家の有吉佐和子《ありよしさわこ》さんが、認知障害のある男性への厳しい介護について描いた小説『恍惚《こうこつ》の人』を出版され、映画やテレビにもなって、社会の目が向けられるようになりました。

そして平成元年に「高齢者保健福祉推進十カ年計画」が策定されると、ヘルパーが各家庭に出向くようになり、今まで隠れていた痴呆《ちほう》の人と暮らす家族の悲惨な実態が明るみに出るようになり、平成17年の「地域包括支援センター」の制度化とほぼ同じ時期に、「痴呆《ちほう》」という言葉は「認知症」に変わりました。

この様に、「認知症」という言葉に至るまでには、さまざまな歴史があるのです。ある時、初期認知症の男性が「私たちには病名があるのだから、認知症とはいってほしくない」といわれたことがありました。当事者にすればもっともなことです。このこともあって、私はかねがね医学的にやむを得ない場合を除いて、認知症という言葉はできるだけ使わないようにと考えています。

認知障害はほとんどの人々にやってきます。その症状が現れる年齢は一律ではありません。しかし命が終わる時、痛みや悩みのために苦しまず、すべての認知機能を手放して仏様のような表情で旅立つことができるのは、認知機能の末期状態がもたらす、しあわせで安らかな死だと私は考えます。

認知症は、実は人にやさしい症状なのです。

「できたことの喜びを分かちあい、褒《ほ》め、ねぎらい、いたわる。」

介護を題材にした短歌で、心に残っている一首があります。

「できぬこと　できることより多けれど　今また一つできたことあり」

詠み人知らずですが、最後の「今また一つできたことあり」の言葉が心に残り、その瞬間、作者のわくわくした気持ちが伝わってくるのを覚えました。

作者はリハビリをがんばって、ようやく初めて木工細工を完成されたのかもしれない。あるいは軽度の認知障害がある自分を嘆いておられたが、もう一度やりたいと思っていたことに挑戦し、ようやく希望が叶ったのかもしれない。

日々の介護現場の様子と重なり、私の想像は限りなく広がりました。

折り紙で兜《かぶと》に挑戦した佐藤さんの、完成した時の得意そうなあの顔。

ドリルの解答欄にすべての答えを書き入れた林さんが、頭を上げた時の顔。
ペットボトルボウリングで、ピンが全部倒れた時の山崎さんの笑顔。
みなさんのやり切った時、できた時のうれしそうな顔が次々と浮かんできました。できあがりの良し悪しなどは問題ではありません。自分の意志や力で成し遂げた喜びは、私たちには測れない大切なものなのです。

私たちはともすれば、できる自分を基準に考えがちです。障害のある人にとっては、言葉にいい尽くせない不自由さを克服して得た尊い努力の結果なのです。

ご本人の自主性に期待し、褒《ほ》めたり、ねぎらったり、いたわったりしながら、その人やその家族の求めている大切なことをしっかり受け止め、最善のサポートができるように向きあっていきたいと思いました。

「　できたことの喜びを分かちあい、褒《ほ》め、ねぎらい、いたわる。　」

「病気や障害のある人も、すべての人に豊かさを。」

平成2年、私の働いていた病院で、新しく制度化された老人保健施設を立ち上げました。私は定年後、この施設の副施設長の立場にありましたが、この施設で働く職員が、どのような暮らしの場をつくっていけるかが大きな課題でした。私たちはひとりひとりの高齢者の基礎疾患をはじめ生活の背景など、個別的な情報を大切にしながら何度も話しあいを重ねました。

大切にすべきは、「食事がおいしい」「面会にきやすい」「職員との触れ合いが楽しい」「明るく清潔である」「地域に開かれている」などが挙げられました。

第一に挙げられた食事は業者委託でしたので、情報共有を密にしようと栄養士さんにも会議に参加してもらい、一緒に考えていただきました。

そんなある日、一通の手紙が私のもとに届きました。

「調理師として20年、料理とは腕と想像力で美と味を生み出す仕事であり、食の芸術だと信じてきた。ところが、ぬくもりの里の仕事で面くらった。まず刻み食である。つくった料理を包丁や手で潰す作業についていけるだろうか」

文句と不満の手紙かと思いきや、そうではありません。手紙には続きがあり、「刻み食は料理にあわせて刻み方を変えます。パン粉をつけたカツ類は細く切り、軟らかくするために餡《あん》かけにします。シチューのような煮込み料理は、老人の歯で噛《か》み砕《くだ》けるまでよく煮込みます。ミキサー食はその人が食べやすいように濃度を考え、また、スプーンで食べてもらいやすい濃さも考えています」

そう書かれていました。腕一本で料理人として生きてきた人の誇りと気骨は、私にとって大きな喜びでした。

現在は、食事サービスがさらに進化しています。しかし、この時代のこの料理人のような気概《きがい》を、私たちは決して忘れてはならないと思うのです。

できないことを素直に話したり、相談できる仲間を大切にしましょう。

90歳を越えてから、よく物忘れをするようになりました。そう思うようになってからは、すぐにメモを取るようにしています。ところがメモをしたつもりで手帳を見ると、肝心なところが抜けているのです。

先日もそうでした。ある事業所から講演依頼があり、「金曜日の午後」と決めたのです。その日は予定もなく、その場ですぐにメモを取りました。

そこまではっきりと記憶しているのですが、帰宅してスケジュール表を見ると、すっきりしないのです。「金曜日」は確かに空いていて、都合が良いのですが、問題は「今週であったか」「来週であったか」がはっきりしません。

自分が腹立たしく、同時になんともさびしい気分になりました。

93歳にもなると、記憶や自分自身の行動も不確かになってきているようです。自分はしっかりしている、といったおこがましい気持ちは捨てて、素直にならなければと改めて考えさせられました。これからは、一つひとつのことを慎重にするとともに、素直にそうした自分のマイナス面を周囲の人たちに伝え、理解していただくことも必要ではないかと思いました。

私に限らず、こうしたことは多くの高齢者が経験しておられることでしょう。「気づいたら助けてほしい」「どうか理解してほしい」というメッセージは出しにくく、ともすれば隠してしまいがちです。

たかが物忘れと侮《あなど》らず、物忘れだからこそ早くみなさんに知っていただき、失敗しても明るく暮らしていける関係づくりをしていきたいと思います。

自分のできないことや、思うようにならないことは、まわりの人の助けに頼らざるを得ません。できないことを素直に話したり、相談できる仲間を大切にしていきましょう。

「　できないことを素直に話したり、相談できる仲間を大切にしましょう。　」

「詐欺《さぎ》だと思ったらすぐに警察。金品も大切ですが、身の安全を第一に。」

とある雨の日のこと。トイレの電球が切れたのでつけ替えたいと思ったのですが、天井が高いため、業者にお願いしようと電話帳を開き、見出しの明るい広告から一つの電気業者を選びました。

まもなく40歳くらいの男性がきて、いきなり電気まわりを見て、「漏電が原因だから」とひとこと。工事費を聞くと17万円！　あまりにも高いので、電球だけ取り換えてもらいたいとお願いしました。男性は作業をする様子もなく、携帯で電話をしていました。不安になり、「訪問していただいた費用はお払いしますから、今日はここまでにしていただきたい」とお断りしました。しかし、それでも男性は座ったままパソコンを開き、誰かと連絡していました。

再度、電球だけ変えていただき、「今日はもうけっこうです」とお願いしました。やがて「支払いはカードで」といわれ、請求書を見ると17万円になっていました。すでにカードでの支払い手続きまで済まされていたので驚きました。「この金額は納得できない」といいましたが無視され、男性はさっさと車に乗って出ようとします。そして、「危ないからどけ！」と怒鳴って急発進。

明らかに詐欺《さぎ》にあったと思いました。すぐに警察と消費者相談センターに連絡。その後の処理をお願いし、被害は免《まぬか》れたものの、数日は不安でした。

老人のひとり暮らしは、こうした被害を受けやすく、注意が必要です。誰にでもすぐに目につく場所に、警察や消費者相談センターなどの電話番号や連絡先を表示したり、業者の様子がおかしいと思ったら何度も声をかけてみること。

常に冷静に対応し、おかしいと思った時は公的な相談窓口に連絡するようにしたいと思います。焦って自分で対応しようとし、危ないことに身を乗り出さないようにしましょう。金品も心配ですが、まずは身の安全を第一に。

「詐欺《さぎ》だと思ったらすぐに警察。金品も大切ですが、身の安全を第一に。」

「痛みや苦悩の場面で必要なのは、やさしい言葉やさりげないふるまい。」

89歳の時のことです。自転車に乗ろうと道路に出た時、私は自転車ごと路面に倒れ、歩道の石垣に左大腿部《ひだりだいたいぶ》を強打してしまいました。自力で自転車を持ちあげようと踏ん張りましたが、びくともしません。

その時、通りかかった母娘《おやこ》が近づいてきて、「大丈夫ですか」と声をかけていただきました。天女のように美しい人だと思いました。

救急車を呼んでもらい、間もなく到着。すぐに路上から抱え上げられてストレッチャーで車内に乗せられました。この間、母娘《おやこ》はずっと私に寄り添い、心配そうに声をかけてくださいました。

車内に落ち着くと、痛みが急に激しくなりました。きっと骨折しているのでしょう。その瞬間、寝たきりの姿、松葉杖、車椅子など、さまざまな自分の姿が脳裏に浮かびました。

救急室での処置の時、レントゲン室での撮影時の痛みも格別でした。点滴による痛み止めも投与されましたが、意識がボーッとして、激しい痛みと不安感に襲われました。とくに撮影時、台の上で体を左右に動かしたり、開いたりするたびに激痛と恐怖感に襲われました。

うつろな記憶ですが、手術や診断の技術的な面は、目を見張るほどの医学の進歩がみられますが、こうした場合での患者への対応や、処置の方法は昔から少しも進歩していないなあと感じました。

患者の痛みにいちいち同情していられないのかもしれませんが、あまりに事務的に、撮影に必要な体位とはいえ、指示する技師の言葉におびえました。

と、その瞬間、立ち上がれない私の横に寄り添って「大丈夫ですか」と何度も声をかけてくれた、あの母娘《おやこ》の姿が頭に浮かびました。

あの時の安心感はなんだったんだろう。漠然《ばくぜん》としているのに、確かに「ありがとう。しっかりしてがんばります」という、私自身のがんばろうという気持ちにつながったように思いました。

術後の経過はよく、医師は「手術はうまくいった」と満足そうでした。翌日からリハビリが始まり、89歳というリスクを感じながらも、それを気にしないで、今までの暮らしに戻ることを目標にがんばっていこうと思いました。

数日後、主治医から「退院後はどのような生活に？」と聞かれ、「今までと同じように暮らし、職場に戻ります」と答えました。医師は、あ然としておられましたが、「では、がんばりましょう」といって病室を出ていかれました。

日ごろから100歳人生の生き方、働ける年齢について意識を変えなければ、と考えてきましたから自然に出た答えでした。

介護は人の長寿化に伴い、もっとも必要とされる仕事です。人の暮らしのQOL（クオリティ・オブ・ライフ／生活の質）を高めるということでは、介護

講演会は依頼があれば積極的に引き受け、介護の大切さを言葉で伝え続けています。

は限りなくその力を発揮できる職業です。しかし、働く人にとっては陽の当たらない職業に考えられています。

介護の仕事の意味と、やりがいや生きがいにつながるこの職業を、退院後ももっと言葉で伝えていきたい——そう考えていました。

確かに技術や知識は必要です。しかし、それに加えて多くの人が経験する痛みや苦悩の場面で私自身が求め、あこがれる介護とは、あの日、転倒した路上で近づいてきた母娘《おやこ》からいただいた〝やさしい言葉〟や〝さりげないふるまい〟なのです。

「痛みや苦悩の場面で必要なのは、やさしい言葉やさりげないふるまい。」

「間違っても、忘れてもいい。みんなで笑い飛ばして明るく元気に。」

私が働いている特別養護老人ホームは、3度の食事です。お昼が近づくと、スタッフが昼食メニューをご利用者さんに説明します。その日はご飯と味噌《みそ》汁、アジの揚げだしおろしかけ、キュウリのごま和《あ》え、芋の煮物でした。

「みなさん、今日のメニューの中で、なにがお好きですか？」

そう質問すると、アジの揚げだしおろしかけがひとり。ほかの方は全員キュウリのごま和《あ》えでした。ほとんどの方が90歳以上。午後、ご利用者さんに、

「お昼のお食事は全部食べられましたか？」

「はい、おいしかったです」

「よかったですね。今日のおかずはなんでしたか？」

「…………」

いっせいに困った顔がすがるように私に集まります。

「なにを食べたか、ここが覚えてしません」

そういって頭を叩きながら、鈴木さんが笑って答えられました。

「午前中にお聞きした時、鈴木さんは答えられましたね」

そこまでいうと、さすがに鈴木さんも〝アジの揚げだしおろしかけ〟が思い出せたようで、笑いながら答えてくださいました。1時間前に食べた昼食も、昨日の夕食と同じように忘れられていますが、それでも「食べたい」「食べました」という返事が返ってきます。それだけでもうれしいものです。

褒《ほ》めたり喜んだりしながら、今のこの状態を1日でも、1時間でも長く維持してもらいたい。食べる喜びを忘れないように時々質問し、間違った答えでもみんなで笑い飛ばしながら明るい時間を過ごしてほしい。

ワクワクするような喜びに出会う介護もあるんですよ。

「忘れられてもかまわない、気にしない。明日もまた会えることを楽しみに。」

出勤する朝は、その日のご利用者さんの表情が浮かんできます。

ある朝、認知症の山本さんの表情は硬く、声をかけるのもためらわれるようでした。こんな時は経験など、なんの役にも立ちません。できるだけ自然に、明るく傍《かたわら》に寄ってあいさつをします。

声掛けをためらっていると、その心を見透かされたように「なにをもたもたしているか」と怒られたり、必要以上に気を遣《つか》って矢継ぎ早にあれこれ声掛けをすると、「うるさい」と跳ね返されることもあります。

認知症の介護は見えない心と向きあい、さまざまに思いを巡らせながら、うまくつながるポイントを探り当てる――そんな時間のように思います。

そして、ご利用者さんの気持ちにうまくたどりつけた時、ご利用者さんに安心していただけると同時に、介護する私たちの喜びも格別のものがあります。できるだけみんなが気持ちよく過ごせるように、お茶を運ぶスタッフ、傍《かたわら》に座って話題を選ぶスタッフ、一緒に歌を歌うスタッフ、簡単な手芸を勧めるスタッフ、それぞれが試行錯誤しながら個々のご利用者さんに対応しています。

私の場合、目の前のご利用者さんの言葉や活気から、その心理状態や身体状態をうかがいながら対応しています。

しかし、私が考えるケアの仕方がいつもうまくいくとは限りません。前夜不眠の人、家族から叱《しか》られて落ち込んでいる人。訴えることができない胸の中に、今にも発散したい思いが一杯だろうと思います。

そうしたひとりひとりを心から思い、支え、今日は楽しかった、そう思える時間を過ごしてもらいたい。次の瞬間には忘れられていることも承知で、また明日もお会いできることを楽しみに日々がんばっています。

人を大切にする気持ちが、人の生きる力をも支える。

ひとり暮らしの阿部さんが、肝臓ガンと診断されたのは半年前のことでした。阿部さんの「今後どのくらい生きられるか」という質問に、主治医は「かなり手遅れになっていて、余命は半年ほど」と告知されました。

私と阿部さんとの十数年のつきあいは、地域の介護予防の集まりがきっかけでした。ところが、新型コロナウイルス感染症の予防対策により集まりが一切なくなり、かつて集《つど》いあった仲間たちの情報も途絶えがちになっていました。

阿部さんの病状が私のもとに届いたのも、告知を受けられてからすでに4か月が経過していました。訪問して腹部に手を置くと、やせた骨盤を押し広げるように腹水がたまり、腰や背中まで張り詰めています。阿部さんは、「今となっては寿命を待つだけ」と、すでに覚悟を決めているようでした。

その後、阿部さんは自宅で転倒され緊急入院。傷はすぐに治りましたが、ガンによる体力の衰《おとろ》えは避けられず、ホスピスに入所となりました。

「専門病院だから安心。今までより楽になったわ」と話してくれましたが、それから1週間後、彼女は帰らぬ人となりました。

子どものころ病気がちで青春時代も病院生活だった彼女は、その当時に出会った看護婦長さんが私に似ていて、安心できるんだと話してくれたことがありました。彼女の幼い心に刻みついているやさしい看護婦長さんの面影と私を重ねながら、少しでも心安らかに過ごしてもらえれば——そう思っていました。

同時に幼いころの彼女の心に、忘れられないほどのやさしさと思い出を刻み込み、その人生が終わる瞬間まで支え続けることができた、その看護婦長さんに感動させられました。

人を大切にする気持ちが、人の生きる力をも支えるのだと実感できました。


「人を大切にする気持ちが、人の生きる力をも支える。」

運転免許証返納問題とデジタル化社会。大切にしていきたい人とのつながり。

④〜5人の集まりがあると、運転免許証返納の話で盛り上がることがあります。交通の便が良くなったとはいえ、それは恵まれた地域のこと。町から外れた場所に住む人は、車がなければ生活に不自由を感じます。

核家族化した今、高齢になっても日々の暮らしは自分たちでがんばります。車に乗れなくなった場合、どうやって生活するかは、高齢者やその家族にも気になる問題でしょう。食事のバランスを考え、しっかり食べる。外に

ドライブが好きで若いころはよく運転をしましたが、私は55歳の時に免許証を返納しました。

出て体を動かす。仲間と話す機会をつくる。積極的に社会にかかわるなど、出かけようにも車に代わる移動手段がないのが地方社会の現実です。

免許証を返納すれば今までやってきた活動、新しい挑戦、社会参加、趣味の教室や観劇、旅行など、人生を楽しむ機会も思うように持てなくなります。

さらに近年のデジタル化により、高齢者もスマホを学ぶ必要があるといわれます。確かに学べる人には新しい脳の活性化にもなりますが、それに対応できる能力をすべての高齢者に期待できるかは疑問です。また、スマホで居ながらにして多くのことが解決できれば、体を動かす機会はさらに減るでしょう。

移動手段を失った高齢者とデジタル化の問題は、これからの課題であるといえます。高齢者が運転しやすい道路の整備も必要ですが、1日数往復の小さな乗り合いバスを稼働すれば、かなり多くの不便が解消されるように思います。

高齢になっても社会活動や文化活動に参加することが大切です。地域のつながりを大切にし、自由に交流できる明るい町にしていきたいものですね。

「患者さんやご家族から信頼される看護が進められますように。」

78歳の竹田さんが、家族の都合で転院されました。彼女はひとり暮らしの自宅で転倒し、右の大腿骨頸部《だいたいこつけいぶ》骨折で手術を受けられました。

術後の経過は良好でしたが、主治医から「外に出て歩かないように。動くとまた骨折のおそれがあるから」と説明を受けて、リハビリは室内のリハビリにとどめ、積極的な回復リハビリには挑戦されませんでした。

竹田さんが転院されて2日目、転院先の病院から電話がかかってきました。「動くと骨折する心配があるから動くのは家の中にとどめ、外に出て歩かないようにしていると患者さんがいわれるが、リハビリをすることで弊害があるような原因があるなら教えてほしい」という電話でした。

さっそく主治医に聞くと、「外に出る時は気をつけてくださいといったつもりだった」とのこと。患者さんやご家族が、今後また骨折したら大変なので、主治医の注意を過剰に解釈されているのだとわかりました。

医師の説明だけでなく、回復後の生活やリハビリ、今後の通院に対する説明についても担当の看護師がていねいに説明し、どのように理解されているかを確かめておく必要があると考えさせられた出来事でした。

今ではどこの病院も退院指導の看護師が配置され、患者さんが自分の生活を考えながら在宅でのリハビリや療養生活が送れるように説明しているようです。

近年は訪問看護を利用しながら、患者さんが生活の中で実用可能な方法でのリハビリや療養生活が継続できるようになり、より効率的に引き継がれるようにもなっています。医療者同士のつながりや連携を生かし、より患者さんの生活に適したリハビリや療養生活ができ、患者さんやご家族から信頼される看護が進められるようにと願っています。

「　患者さんやご家族から信頼される看護が進められますように。　」

「人とかかわる仕事には、いつまでもいつまでも続きがある。」

看護師としてひとりひとりの患者さんの人生を考えるようになったのは、看護師として働き始めた17歳のころです。

患者さんのほとんどが若くして戦争に駆り出され、敗戦後は傷や障害と向きあいながら療養生活を送る人たちでした。

ある日外科病棟で、シベリアに抑留中、両腕を無くした若者の看護を受け持つことになりました。彼の故郷《ふるさと》の病院への転院が決まり、荷物の整理をしていると、一枚の写真が出てきました。古びた一枚の写真には両腕のある恰幅《かっぷく》のよい姿がありました。出征《しゅっせい》の日の親戚一同が揃ったその写真には、居並ぶ人たちの身なりからも、落ち着いた豊かな暮らしぶりがうかがえました。

その瞬間、「今この写真を彼に見せてはいけないんだ」という気持ちになり、そっと袋の隅に写真を戻しました。

当時の医学や医療技術によって、彼の人生がどこまで自由を取り戻すことができるのだろうか――。理学療法もなく、栄養や安静、指圧やシップなどの方法しかなかった時代のことです。

その後、公園や大通りや道端などに座って、道行く人の善意を求める国民帽をかぶった傷痍《しょうい》軍人の姿を何人も目にしました。病院では努めて明るくふるまっていた人たちでしたが、戻った社会には居場所も働く場所もなかったんだと思うと、両腕の自由を失った若者のことが思い出されました。

戦争の犠牲になったあの患者さんたちも、私と同じように年を重ね、社会の中で懸命に生きてこられたに違いない。

失った自由を少しでも取り戻し、元気で暮らしておられるであろう――そう信じたいのです。

「やり遂げた時の瞳の輝き。楽しく生きている実感を大切に。」

初めて加山さんと出会ってから、かれこれ4年になります。

昔の写真を見ながら、

「ここに写っている方は加山さんですね。元気に歌っておられますね」

そう声をかけてみても、「そうやな～」と気のない返事。周囲の雰囲気、その時の気分や体調によって、表情も返ってくる返事も言葉も変わってきます。

加山さんに、簡単なカレンダーの制作を促《うなが》してみました。

「ハイ、こうするんやな～」

そういいながら加山さんの手は、文字ではなく、マジックの線をぐるぐると書きなぐっていきます。本人はご機嫌で作業に専念しているようです。まもなく、黒く塗り込んだ紙を差し出されました。

「ハイ、できました」

一つのことを達成したといった気分なのでしょう。瞳は生き生きとして輝いています。

これでいいんだ。加山さんの今が充実し、楽しく生きているという実感があれば。この状態を繰り返しながら、介護を続けていければいい。噛《か》みあわない言葉のやり取り、食い違う結果にも笑顔で応える。その人と介護する私との間をつないでいる喜びや怒り、その一つひとつを大切に紡《つむ》ぎ、自分の喜びや生きがいに変えながら、ともに生きていきたいと思うのです。

これという答えや、これという結果を求めるのではなく、今この瞬間を受け入れ、キラキラと輝いていてくださる様子を少しでも長く、少しでもおだやかにすることが私たちの仕事だと思っています。

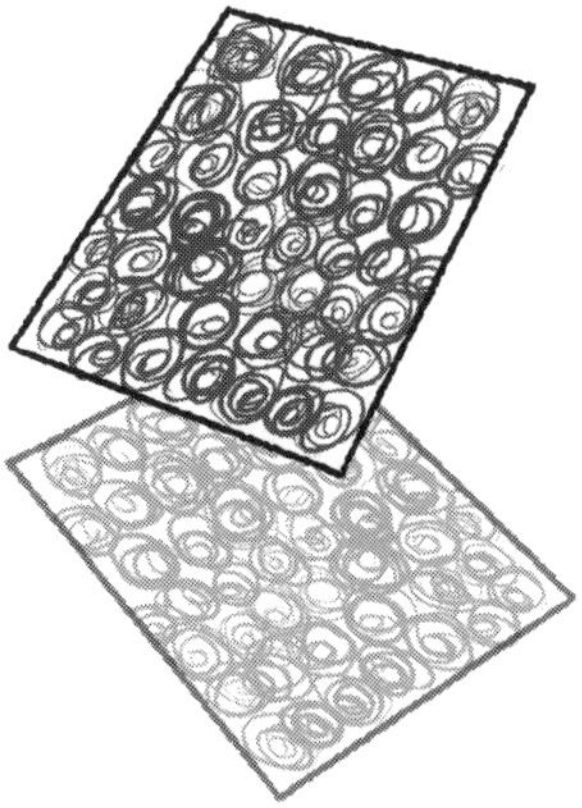

「やり遂げた時の瞳の輝き。楽しく生きている実感を大切に。」

「介護者のストレス軽減は、気分を変えながら余裕を持って。」

身から出た錆《さび》ということわざがありますが、ストレスもプレッシャーも元を正せば自分自身が生み出しているのではないかと思っています。

多くの高齢者にはなんらかの障害があり、日によって計算問題をすらすらと解答できることもあれば、その反対の時もあります。こうした時、介護する人たちは、「どうしてできないの？」といった促《うなが》し方をしてしまいがちです。

しかし、ご本人は不快な感情にどのように対応していいのか、その理由も理解の方法もわからないまま、デリケートな心を痛めているのだと理解できます。

この様な場合、介護を受ける当事者の心にも、また介護する人の心にもストレスが働いていると考えられます。

介護職の場合、「なんとか、がんばってほしい」と介護の経験や知識を引き出し、いつものその人の能力を引き出そうと懸命になります。

その時、介護者の心に、自分のかかわり方は正しいという気持ちが強く働いているように思います。それは介護者自身の「できるはずだ」と考える強い思いが原因になっているのではないでしょうか。

そこにこだわり続けるのでなく、気分を変えて関心をほかにそらす余裕を持つことで、強いストレスから免《まぬか》れることができるように思います。

私たちは言葉や表情、経験、そして知識やさまざまな情報を持っています。

介護をする上での物差しをたくさん準備して、ストレスに引き込まれない楽しい介護をしていけたらと思います。

心に余裕を持てば、毎日の介護もほら、楽しい。

「介護者のストレス軽減は、気分を変えながら余裕を持って。」

「あたたかい社会にしていくために、ひとりひとりが一歩を踏み出して。」

道路の幅員10メートルほどの駅前の大通りは、帰宅を急ぐ車で目まぐるしく景色が変わります。ある日、駅前のお店で食事の材料を買い求め、買い物袋に入れて肩にかけ、杖をついて横断歩道を歩いていました。ぎこちない歩行の年寄りを案じてか、ふたりの女学生が私の両側から視線を投げかけながらゆっくりと歩いています。私をガードしてくれているようです。

そう気づいたのは道路の中央にさしかかったころで、ふたりは私をさりげなく見守ってくれていました。とはいえあいさつも言葉もなかったのですが、やさしい笑顔が「大丈夫ですか」と、ささやいているように思えました。

横断歩道を渡り終えてから、私は大きな声で「うれしかったわ。安心して渡れました。ありがとうございました」とふたりに届く声でお礼をいいました。

女学生はさわやかな笑顔で「気をつけてくださいね」とだけいって、駅の向こうに去っていきました。

私が暮らす宇治市は十数年前から「認知症にやさしい街づくり」に取り組んでいます。その一つが京都文教大学で行われているグループミーティングです。認知症当事者と家族を中心に、医療、行政、福祉の専門職、企業が一つになり、テーマに沿って対話を重ねています。私は数年前から地域の一支援者として参加しています。その積み重ねが、今こうして目の前に現実となって実感できることを、活動の仲間たちとともに喜びあいたい気持ちでした。

この日は、こうした日々の積み重ねの成果の一面を垣間見たようで、希望の光に出会ったような気分を実感しました。私たちひとりひとりが、学びあいと思いやりの心を持って、あたたかい社会にするために積極的に行動すること。一歩を踏み出すことで、素晴らしい変化を起こせるのです。

「あなたはひとりぼっちではなかった。生きてきた「証《あかし》」を残したい。」

家族と疎遠になった方々の最期を看取らせていただいたことがあります。それぞれに深い理由があり、運命のいたずらに涙したこともありました。中には、ささいなボタンの掛け違いから家族と絶縁状態を招いたケースもあり、なぜこうなってしまったのだろうと、考えさせられることもありました。

ある時、遺品整理会社の社長さんのお話を聞きました。独居老人が亡くなられ、1週間ほど経ってから発見されたという話でした。身寄りがないと聞いていたが、警察に届けて探してみると、弟さんが健在であることが判明。すぐに連絡を取ったそうです。ところが、その弟さんは、「長くつきあいがなかったから、遺品はすべてそちらで処分してください」という返事だったそうです。

社長さんは自ら現場に出かけ、すべての遺品をていねいに整理し、なにか一つでも故人が生きてこられた証《あかし》になるようなものがないかと考えながら整理されたそうです。

すると、弟さん名義の預金通帳が出てきました。

連絡を受けた弟さんは驚いて、「どうして兄の気持ちが理解できなかったのか」と号泣し、正式に遺品整理依頼人になられて、ていねいに弔《とむら》われたそうです。

このお話を聞いて、この社長さんの懐《ふところ》の深さと、ひとりひとりの命や人生と向きあわれる姿勢に感動しました。

そしてまた、人間はひとりで生きているのではなく、普段会わなくても、肉親や親しい人との絆《きずな》は太い糸でつながっています。誰もが心の底で信じあい、信じることによって救われ、支えられて安心して暮らしているのだということを考えさせられました。

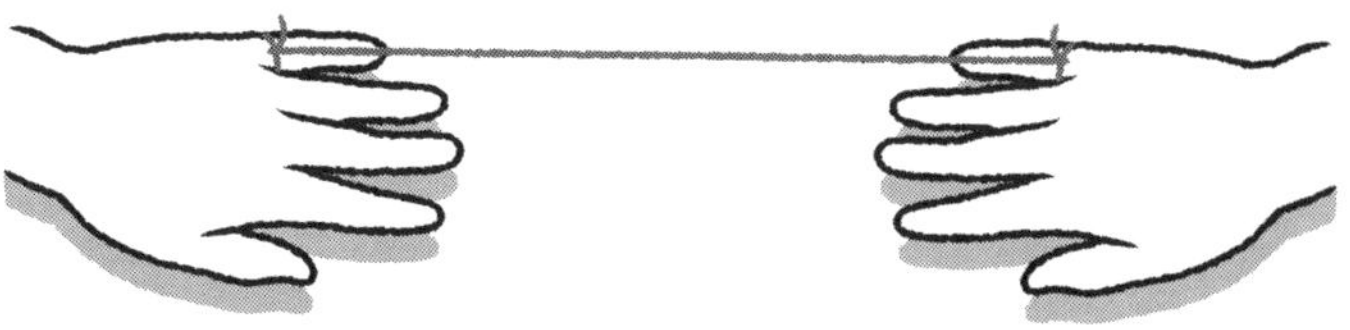

「困っている人には勇気ある行動を。老いにやさしい社会に。」

週末の夕方、京都行きの電車は満席で、次の駅まで立ったまま過ごす日も少なくありません。ある日のこと、白い杖を持った男性が駅員に案内されて車内に入ってきました。駅員は、空席がないことを確かめて男性を安全そうな場所に誘うと、手すりを持つように勧めて立ち去り、ドアが閉まりました。

その日、運よく座ることができた私は、「誰かが席を譲ってくれたら」と祈っていましたが、自分が座っていることが恥ずかしくなり、その男性に席を譲りました。私は、こうした場面で、車内のみなさんが障害のある人に対して無関心を装っているように思えて残念な気がしていました。

しかし次の瞬間、優先席の近くに座っていた50歳くらいの男性がすっと立ち上がり、ドアに寄りかかる私に席を空けてくださったのです。

私は、無関心なのかと思っていた気持ちを反省させられました。車内のみなさんの心にも、私と同じように立ち上がろうという思いがあったのではと思いました。この時に限らず、このようなことは今までも何回か経験しています。疲れていたり眠かったり、それぞれすぐに立ち上がれなかった理由があるのかもしれません。

私のように長年病気の人や障害者、高齢者などとかかわっている人間は反射的に体が動くのですが、その私も他人事ではありません。人を支えるために自分の足もとが危ういような状態になりました。

高齢者の多い社会になります。これからは、こうした場合、勇気を出して行動できる人を育てていってほしいと思います。10年、20年先の自分を想像しながら、老いにやさしい社会に踏み出していただきたいと思います。

「認知症を隠したり、逃げたりしない。学びながら明るく暮らしましょう。」

以前、認知症の勉強会で、知人の高齢医師が自分の経験談を語られたことがありました。この高齢医師は物忘れが気になったので、後輩医師の物忘れ外来を受診されました。もう少し働きたいと考えての受診でした。

診断は初期のアルツハイマー型認知症とのことでしたが、高齢医師は後輩医師に、「この状態で働いてもいいものだろうか?」と相談しました。

すると後輩医師は、「今、認知症は国民的な課題です。自分が認知症であるということを隠さず、多くの人に知ってもらうことが大切です。働きたいと思われるなら、そうされたらどうですか」と背中を押してくださったそうです。

この高齢医師は、大学講師も務めておられましたが、このままでは脳が衰《おとろ》えると感じ、大学の仕事を継続されるとともに、介護の勉強も始められました。

すでに80歳を過ぎての挑戦でしたが、見事に資格を取られ、現在も大学の講師を務めながら近くのデイサービスを手伝っておられます。

高齢医師は「資格の勉強をしたり、講義のために本を読んだり、文章を書いたりして問題意識を持つことが脳細胞を活性化しています」と話されました。

すでに病んでしまった脳細胞は回復しませんが、周囲の細胞は脳を刺激し、活性化することで今まで以上に活発に働くようになり、失われた機能を補ってくれるのだといわれています。

私は、「認知症にならないために、読書、書字、会話、運動など、脳と体を活性化することが認知症予防に役立つ」と日々話してきましたが、この高齢医師の話を聞いて、間違いではなかったのだと改めて自信を持ちました。

刺激がなければ脳の働きは衰《おとろ》えます。認知症を理解し、隠したり逃げたりしないで、学びながら明るく暮らしていきましょう。


「　認知症を隠したり、逃げたりしない。学びながら明るく暮らしましょう。　」

「誰もが暮らしたいと思う故郷《ふるさと》。そんな町づくりに取り組みたい。」

お盆が近づいて、墓参りをしなければと考えている矢先、友人が「母が亡くなってから、お盆にも実家に帰ったことがない」といいます。

考えてみれば、私も年に1回お盆の墓参りをするくらいで、まったく故郷《ふるさと》に足が向かなくなっています。理由があって、幼かったころの、あの懐かしい故《ふる》郷《さと》が失われてしまっているからです。

昔は土埃《つちぼこり》の舞い上がった道路も今は舗装され、雑草で仕切られていた道はすっきりとしています。美しい自然は訪ねるたびに、新しく手が加えられて変化しています。ともに遊んだ友だちも、すでに旅立ったり、老いて戸外に出なくなったりして姿が見られなくなりました。

両親が健在だったころは、それでも帰省することが楽しみでした。数日滞在し、帰ろうとすると、玄関の奥から体半分覗かせ、「また、はように戻ってきなれよ」と涙を拭きながら見送ってくれた母の姿。鍬《くわ》を持つ手を止め、無言のまま頭を下げていた畑の中の父の姿――フィルムを巻き戻すように、頭の中に描かれる両親の姿と重なる周辺の光景こそが、心の故郷《ふるさと》になってきました。故郷《ふるさと》は両親の愛によってつながっていたのだと思います。故郷《ふるさと》が恋しい、そこにはかならず両親の姿があり、取り巻く自然の景色があります。

友人がいいます。「田舎に家はあっても、帰りたいとも思わない」と。新しい自分の暮らしに追い駆けられて郷愁に耽《ひた》る暇《ひま》もないのか。あるいは、都会と田舎の生活文化の違いがそうさせるのか。

こうした状況を見過ごすのでなく、その後の地域社会の姿を想像しながら、いつでも戻りたいと思う故郷《ふるさと》、誰もが暮らしたいと思う故郷《ふるさと》。そんな町づくりに取り組まなければと考えさせられました。

「どんなにていねいなお世話をしても、悔やまれることはあるものです。」

在宅介護をがんばっておられるご家族に集まっていただき、体験談などを話しあう懇談会がありました。

まだ30代の山岸さんは、お姑《しゅうとめ》さんの介護を6年間続けてこられましたが、昨年秋にお姑《しゅうとめ》さんが亡くなられました。亡くなられてしばらくは、気の抜けたようでしたが、心の中では「楽になった」とほっとした気持ちだったそうです。

しかし日が経つにつれて、いろんなことが思い出されたそうです。ご主人は全く介護にかかわろうとしなかったこと。認知症も加わって、話がうまく通じなくなってきたこと。夜中に大声で呼びつけられ、怒鳴られたことなどなど。

「夏が過ぎ、食事もとれなくなり、次第に弱っていかれるのがわかりました。

主治医からも『そう長くはない』といわれていました。お義母《かあ》さんは元気がないとはいえ、いつもきびしい顔をして私を睨《にら》みつけ、たまに私の腕をつねってくることもありました。

そして、とうとう最期の日がやってきました。往診をお願いした先生は『今日中です』と、そういって帰られました。その3時間後、状態が変わりました。まるで仏様のような安らかなお顔でした。『おかあさん』と私や主人が呼ぶと、かすかに目を開いて、唇が動いたように見えました。やさしい顔だったので、『きっと、ありがとうといわれたのよ』と主人と話しました。

あれから6か月ほどになります。あのころの私自身を振り返り、『もう少しやさしくしてあげたらよかった』と反省しています」

山岸さんは、言葉を詰まらせながらお話しされました。

どんなにていねいなお世話をしても、悔やまれることはあるものです。

6年間、本当にいい嫁と姑《しゅうとめ》の仲だったからこそ、お聞きできるお話でした。

「どんなにていねいなお世話をしても、悔やまれることはあるものです。」

「みんなでつながり、みんなで話しあい、今ある平和をつないでいく。」

91歳を迎えられた正子さんが、戦争を体験した当時の話をしてくださいます。

「大阪で、機銃掃射《そうしゃ》にあいました」

「飛行機の中のアメリカ兵の顔が、目でハッキリ見えるほど急降下してきたんです。本当にこわかったです……」

そうした話を何回も聞かされました。

昭和14年に小学校に入学したという大西さんも、小学4年生の時は家に食べ物がなくて、草を食べたことがあるそうです。大阪の中学校では藁《わら》人形を敵に見立てて竹の棒で突く授業があり、校舎の窓ガラスは敵の攻撃を受けて1枚も

ない——そんな校舎で学んだそうです。敗戦間近の時は6ポンドの焼夷弾《しょういだん》が雨のように降る中を田んぼに身を潜め、どろどろになって身を守ったそうです。

戦争がもたらした苦しさや困窮《こんきゅう》状態は、敗戦後も長く続いたようです。食うに困り、闇行商で多くの人が警察に連行される様子も見ました。大切な着物と交換して手に入れたお米を没収されて泣き叫んでいる女性の姿もありました。家では幼い子どもが空腹を抱えて待っていたのだと思います。

みんなが生きるために、必死で戦っていました。正子さんも大西さんも、同じ時代を生きた私たちは、こうした経験を直接、あるいは間接的に生々しく心にとどめています。しかし、時代が変わり、戦争について語れる人も少なくなりました。今ある平和をありがたいと嚙《か》みしめながら、戦争の悲惨さを知らない人たちに語り続けていかなければと思います。

みんなでつながり、みんなで話し合い、戦争を二度と繰り返さないようにとの思いを込めて——。

「人の気持ちに寄り添ってみると、労せずおだやかに過ごせることも。」

人は自分のことはさておき、「あの人は良くできる」「あの人はできない」など、他人のことを自分の物差しで測り、決めつけがちです。

たとえば、計算問題を20分で解いて全問正解する人がいます。またある人は同じ問題を30分以上かかって全問正解する。また別の人は全問を10分で解いたが、結果2問が不正解だった。

この場合、一般に20分で全問正解した人が一番計算能力の高い人であるかのように考え、「あの人は良くできる人」という評価になるのでしょう。

貧しい環境で育ち、読書も習い事もできなかった人は、恵まれた家庭で育った人と比べれば知らないこと、できないことも多いと思いますが、その代わりに生きるための多くを学び、豊かな人情を培《つちか》ってきたかもしれません。自分の判断でできが良い、悪いなどと、安易に断定してはならないと思うのです。

私は、その人の前に虚飾《きょしょく》のない自分をさらけ出し、ありのままの自分の心と目でその人に向きあうようにしています。充実感や幸福感を大切にするためには、相手と比べるのではなく、自分の姿を見つめ、自分自身の得意なところや不得意なところを冷静に考えてみようと思っています。

そうすることで、先ほどの全問正解の人も、30分以上かかって正解した人も、2問間違えた人も、それぞれに得意や不得意があることがわかり、その時の心の動きさえ気づけるように思います。

人の気持ちに自分の気持ちを寄り添わせてみると、労せずしておだやかに過ごせる場合があります。行き詰まったら、自分の気持ちを変えてみること。

快《こころよ》いコミュニケーションの在り方が、日々の幸福感をさらに豊かにしてくれることでしょう。

「　人の気持ちに寄り添ってみると、労せずおだやかに過ごせることも。　」

まだらの記憶の中にも悲しみの体験は残り続けるのです。

大きな声で「おはようございます。今日もよろしくお願いします」とあいさつすると、あちこちのテーブルから「私はここですよ」といわんばかりに、キラッとした視線が私の胸もとに突き刺さってくるように感じます。

それぞれのテーブルに近寄って、もう一度みなさんにあいさつします。

「先生は宇治から通っておられるんでしたな」

この女性は確かな記憶の持ち主かなと思っていると、続いて「先生はどこからきておられますの？」とおっしゃる。私は「宇治からですよ」と答えます。

このやりとりが何回か繰り返されます。やがて、この女性が話し出しました。

「私が女学校に行ってたころですわ。宇治に男の人がいてな。ゴロゴロしてらしたので『あんたくらいの人はみな戦争に行ってるのに、あんたは行かんと、いいですな』っていいましたんや。そしたら、その数日後に兵隊に行かはって、戦死してしまわはった。あの時、なにも考えずに『死にに行かへんの？』っていったみたいで、今も悪いことというたと後悔してますねん……」

昭和2年生まれのその女性は、戦時中のある日、宇治で知りあった男性との会話を今もしっかりと記憶し、罪の意識に悩んでおられました。

戦争が残した悲しい思い出と生き残った者の罪の意識が、病《や》む記憶の中にも消えることなく今も鮮明に思い出され、悲しみを誘っていたのです。

「なんで戦争に行かないの？」

この問いを、ごく自然に口にすることができた不思議な時代がありました。

戦争が残した悲しい思い出に悩む人たちが、今もまだたくさんおられるのです。そして今まで、このような懺悔《ざんげ》に似た思いは口にすることさえタブーだったのでしょう。何度も、何度も何度も考えさせられたお話でした。

「高齢者は親切な世の中に甘えない。まわりのやさしさに気づく心配りを。」

昭和48年、私は佛教《ぶっきょう》大学通信教育課程に入学し、5年かかって卒業しました。卒業論文のテーマは、卜部兼好《うらべのかねよし》の随筆『徒然草《つれづれぐさ》』の無常観でした。

先日、ある人から「徒然草《つれづれぐさ》を題材にした理由は?」と問われました。論文を書いたころは高度成長期。戦後の日本の景色が大きく変化していた時代でした。

そのころ、病院から家に帰れない高齢者が次第に増え始め、「やがてくる高齢化社会に、これでいいのか」という警鐘《けいしょう》が心の中で鳴っていました。

この変化の時代に徒然草《つれづれぐさ》を取り上げたのは、作者の兼好《かねよし》が中世における世の中の変化に気づいていたと確信したからでした。とくに第一五五段の一節です。

「木《こ》の葉《は》の落《お》つるも、先《ま》づ落《お》ちて芽《め》ぐむにはあらず、下《した》より萌《きざ》しつはるに堪《た》へずして落《お》つるなり。迎《むか》ふる気《き》、下《した》に設《もう》けたる故《ゆえ》に、待《ま》ちとる序《ついで》甚《はなは》だ速《はや》し。生《しょう》・老《ろう》・病《びょう》・死《し》の移《うつ》り来《きた》る事《こと》、また、これに過《す》ぎたり」

この〝新しい芽を迎える気〟こそ、変化の速い社会で、これからの老人たちが準備しなければならないということであり、残り少なくなった人生に未練を残さないように生きなければ——そんな思いから題材としましたと答えました。

つまり、高齢者の意識変革を促《うなが》す意味で、徒然草《つれづれぐさ》の無常観に関心を持ったのです。世の中が高齢者に親切になってもそれに甘えるのではなく、まわりの本当のやさしさに気づけるような心配りを高齢者自身が持たなければと考えさせられたのでした。

私たちは今こそ、この新時代をどう生きるべきか。高齢者自身の問題としてとらえ、新しい時代を学び、自分の問題としてこうありたいと発信していかなければ、と考えています。

「　高齢者は親切な世の中に甘えない。まわりのやさしさに気づく心配りを。　」

まわりにいる多くの人々の教えや熱い思いで自分を育てる。

親の教え、あるいは教師の言葉から、今も心の糧《かて》として振り返り、姿勢を正すことは少なくありません。

とくに小学校では、子どもたちの中にくすぶる小さな光を見つめて励ましてくださった先生方に今も感謝しています。

私は急速に変化する社会環境の中で、こうした学びから世の中にしがみついて生きる力を得たと思っています。

母は囲炉裏《いろり》で煮物の煮える間や、破れた野良着を夕食後に繕《つくろ》いながら、あるいは昼寝の時によく話を聞かせてくれました。

二宮金次郎《にのみやきんじろう》の話からは、働きながら学びつづけることの大切さを。

木下藤吉郎《きのしたとうきちろう》の話からは、志《こころざし》を立てたなら自分の力で社会に立つことを。
太田道灌《おおたどうかん》の話では、人の真心の大切さや素直さについて。
『往生要集《おうじょうようしゅう》』を書かれた源信《げんしん》の話では、自分の人生を大切にすること。親に気苦労をかけて健康を害させるようなことがないように。また、人はみないつか死ぬけれど、おだやかな死が迎えられるよう、生きている今を大切にすること、などを教わったように思います。

看護学校の先生からは、童謡『漕《こ》げよお船を』を英語で教わりながら、人生は大きな川の流れのようなもので、静かな時も荒れる時もある。どんな時でも心をおだやかに保ち、しっかり乗り越えるようにと励まされました。

看護師になってからは、患者さんの言葉から考えさせられたり、医師の説明からは看護師としての在り方を学ぶことができました。

デジタル知識や技術でなくても、まわりにいてくれた多くの人びとの教えや熱い思いを感じ取りながら、自分を育てることが十分できたと思っています。

「まわりにいる多くの人々の教えや熱い思いで自分を育てる。」

「仲の良いご夫婦はいつまでも互いが心にいます。」

多田さんに会ったのは7年ぶりでした。ご主人が脳卒中になられ、リハビリに多田さんが毎回つき添っておられたころの出会いでした。

「おひさしぶりです。ご主人は、その後いかがですか？」とお聞きすると、「おかげさまで家で元気にしております」と、以前と変わらないご返事。

しかし、多田さんのご様子にやや異変を感じ、スタッフに聞いてみると、「多田さんのご主人は2年前に亡くなられました。多田さんはそれから少し症状が進んだようです」とのこと。

私は多田さんに長らくお会いする機会がなかったため、すっかり記憶が薄れ、病院のこともリハビリのことも話題に引き出すことができませんでした。それでも、多田さんは笑顔で「主人は家で元気にしています」と答えられます。

「そうですか。お食事はどなたがつくられますか?」とお聞きすると、

「私は体が悪くて入院しておりますので、主人がうちのことをみなしてくれております」と答えられました。

この美しい多田さんは、若いころに結核を患《わずら》われ、当時はご主人が仕事を続けながら育児も家事も切りまわしておられたとお聞きしていました。

きっと、そのころと今が交錯《こうさく》しているのでしょう。多田さんは今は老人ホームに入居されていますが、その当時のさまざまな思い出や記憶が、会話によって甦《よみがえ》っているのだろうと思いました。

ご主人のことをお聞きするたびに、やさしい微笑《ほほえ》みがこぼれます。きっと心からご主人を愛し、感謝しておられるのだと思いました。多田さんの中で、ご主人はまだ生きているのです。そしてこの瞬間も、彼女はしあわせなんだろうなと想像を巡らせながら、この時が少しでも長く続きますようにと祈りました。

「仲の良いご夫婦はいつまでも互いが心にいます。」

「心を寄せあい、小さな喜びにも感謝。それぞれの人生を豊かに楽しんで。」

いつでも洗いたての襦袢《じゅばん》をきちんと着て診察にこられる灰原さんに、「ご自分でお洗濯なさるんですか？」とお尋ねしました。すると、

「いいえ、みんな嫁がしてくれます。おばあちゃんがみっともない格好しては ると、私が笑われます——そういうて、出かける時はいつでも」

アイロンのきいた襦袢《じゅばん》の袖をまくりながら、そういってしあわせそうに微笑《ほほえ》まれました。そして、「家の中のことは、いえばキリがないほど気になりまっせ。でもね、どんな立派なお方でも365日つきあえば、良いところも悪いところも見せてしまいます。そやから良いところはありがたく、悪いところは私や家族みんなが、それに慣れさせてもらえば、それで済むことですさかいに」

灰原さんは85歳、お嫁さんは50歳くらいでしょうか。寄り添って着衣を手伝われるおふたりの様子は、嫁姑《よめしゅうとめ》というより実の母娘《おやこ》と思えるほど親密で、ほのぼのとしたものを感じさせました。

灰原さんの言葉のように、気になることや、いいたいことはどこの家庭でも、またどんなに立派な嫁姑《よめしゅうとめ》であっても山ほどあるに違いありません。そのような中でも、お互いになにか一つ良いところに気づき、それを誇りにして喜ぶことができたらと、診察室の狭い控室での光景から学ばせてもらいました。

子どもの少なくなったこれからの家族は、元気なうちは離れて暮らし、高齢になってから同居される場合も多くなりました。一緒に住んだことも、ヒザに抱いて遊んだこともほとんどない孫と同居する場合もあるかもしれません。

昔と比べると、家族間の愛情も薄らいできたように思います。灰原さん家族のように姑《しゅうとめ》は嫁を、嫁は姑《しゅうとめ》を誇りにしながら、心を寄せあい、小さな喜びにも感謝して、それぞれの人生を豊かに楽しんで暮らせたらと思う風景でした。


「心を寄せあい、小さな喜びにも感謝。それぞれの人生を豊かに楽しんで。」

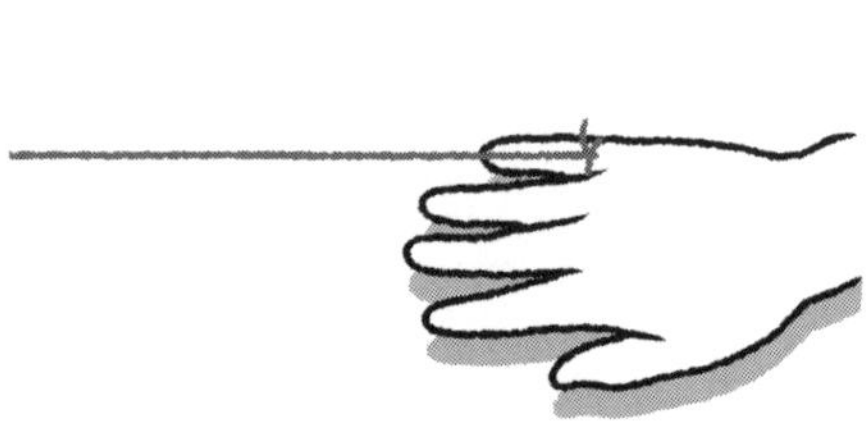

第3章　まだまだ、これから。目指せ110歳!

「自由に、豊かに生きながら……病気に立ち向かえる時代への期待。」

昭和42年、京都南病院の医局で人工透析導入についての検討が始まりました。私も、とにかく治療を導入しなければ助けることができない慢性腎不全の患者さんを目の前に、なんとしても導入しなければと思っていました。

当時、人工透析はまだ未知の治療法でしたが、初回透析は無事に終了。しかし、当時はまだ透析機器は手がかかる装置で、透析時間も試行錯誤でした。当時アメリカでは「6時間透析」ということでしたが、検査室から「6時間では血中の尿素窒素や余分な老廃物が十分に除去されていない」と連絡があり、主治医は「透析時間を8時間、いや、12時間にしたい」といいました。

勤務時間は8時間でしたので体制が及びません。私は、「それでは体制が維持できません」と反論しました。すると、主治医は「医療は病気を治療し、その人が今までのように働いたり、生活できる状態にすることです。この透析治療で、その可能性があるとしたら？」と静かに話されました。

もはや反論の余地はありません。指示される12時間透析を前に進ませようと決心し、私も現場に入り、透析看護の一歩を踏み出したのです。その後、患者さんから「この病院の透析患者は世界一長寿になる」と聞かされ、努力が報われた思いがしました。

医療機器の開発と医学の進歩によって透析時間やその作業も今では短縮され、正確になっています。将来、さらに医学が進歩し、暮らしに支障なく負担の少ない治療法が開発されるようになればと思います。ひとりひとりの患者さんが自由に、豊かに生きながら病気と向きあえる時代がきますように。

36歳。総婦長になった翌年に人工透析が始まりました。

定年退職したあとの新しい人生。身一つで新たなる挑戦。

私は昭和42年から京都市内で地域医療を目指す300床の総合病院で、23年間、総婦長の仕事をしてきました。その間に、働き盛りの人が病気で亡くなったり、病院で産声を上げた赤ちゃんが看護師となって一緒に働くようになったりするなど、さまざまな人生に向きあってきました。

そして平成3年4月、私は定年を迎え、新しく始まった老人保健施設で、入退所の相談を引き受けながら、高齢者介護について考える機会をいただきました。その時、長年着てきた白衣を脱ぐことを考えました。考

60歳。定年退職した日の記念写真です。

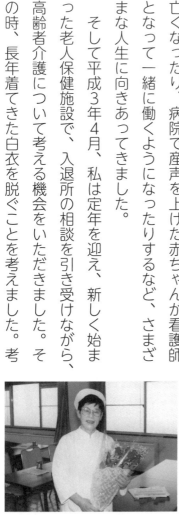

えてみると、白衣のおかげで看護婦長らしく見えていただけかもしれません。

「白衣を脱いだ小さな私を、患者さんや地域のみなさんはどのように見てくださるだろう？　若い職員とはどのように接していけるのかしら？」

そう思うと不安で、白衣を脱ぐことが恐ろしく思われました。看護から介護に軸足を移すことは簡単なことではない——そう痛感しました。

白衣は、患者さんにとって信頼や安心の象徴であったかもしれませんが、時には病院の規則や、療養上の注意を押しつける武器であったかもしれません。

決してそうであってはならないと思いながらも、少ない人員や、時間に追われての仕事など、そう回想せざるを得ない場面が浮かんできました。

白衣を脱いだ私は介護の資格もなく、この身一つでの介護の道への挑戦です。加齢とともに訪れる身心の不自由や認知機能の障害。時代とともに変わる家族関係の在り方を正しく理解すること。できる介護は限られますが、白衣を脱いだ自分になにができるか、試してみたいと考えました。

「2年先、3年先を考えながら、毎日を新しく生きましょう。」

平成13年、京都府の山城町《やましろちょう》(現・木津川市)に特別養護老人ホームが開設されました。地域の了解を得るため、説明会や講演会を開いた時のことです。

「老人ホームなんか入りたくない。あんなところはボケてから入るところ」

「私は息子がいますので、家で最期まで暮らします」

そんな声がたくさん聞かれました。

ところがそれから数年後、短期入所やデイサービスを利用しておられる方にお聞きすると、「この施設ができて、これで老後は安心だ」と喜ばれた人が増えてきました。とくに大正生まれの方などは、

「この施設ができて本当によかった。息子もいますが、話し相手になってくれ

るわけではなく、ここにくるのが一番の楽しみです」と話してくださいました。また、96歳の方は、
「すぐ近くですから、時々、家に帰っています、けれど、ここでみなさんと一緒に話をして暮らすほうがいいです。近くにこの施設ができてよかった」と話してくださいました。しかし、かくいうこの方、説明会では「あんなところはボケてから入るところ」と強気だった方です。

時代が変わると人の心も変化していきます。
とくに高齢者の介護に関する事業は、社会の変化と高齢者自身の老化による変化と目まぐるしく、常に前を向いて考えていかなければなりません。

10年先ではなく2年先、3年先を考えながら、これからの生活や生き方を模索していく時代になったと痛感します。毎日を新しく生きましょう！

平成11年当時、施設建設地の下見の時の写真です。地域の理解を得るのがまだ大変な時代でした。

「2年先、3年先を考えながら、毎日を新しく生きましょう。」

「高齢者の幸福とは働けること。働けることは自由の源《みなもと》です。」

私は看護師として働きだしてから、日本国憲法第25条第2項の「国は、すべての生活部面について、社会福祉、社会保障及び公衆衛生の向上及び増進に努めなければならない。」という文言を、看護を仕事とする〝私自身の理念〟として考えてきました。

25条は看護師になった当時は教えられるまま、ただ覚えていただけに過ぎませんでした。しかし、看護職として多くの人に出会い、さまざまな人生に触れる中で、この25条の持つ意味こそ人々の幸福や平和な世の中を望む人たちの希望であり、理想ではないか――そう考えるようになりました。

私はとくに、認知症の人や障害のある人たちが自分の思うように生きにくいという不自由さばかりか、社会から排除されたり、差別されたり、安易に行動制限をされたりすることは許されることではない、と考えてきました。

介護保険制度が始まって、介護事業所における「身体拘束ゼロ作戦」の推進の指針が示された時は、ようやく日本でも自由の意味が理解されるようになったのだと喜んだものです。

以来、後輩の教育や地域の人たちとお話しする時は、かならずこの25条を頭に置きながら話をしています。

以前、ある人から、「90歳を越すあなたにとって幸福とは?」と質問されたことがありました。私は、「働けることです」と答えました。

働けるから普通の生活が維持でき、多くの人たちとつながり、元気で普段通りの一日が過ごせます。働けることは自由の源《みなもと》、自由であることこそしあわせの象徴だと思います。私は、自由のためにともに歩いていただいている、多くの人たちに感謝して今日一日が終わります。

「命より大切なものはないと伝える。それが100年を生きる者の役割。」

私は昭和6年に生まれ、昭和12年に尋常高等小学校に入学しましたが、以来、国民学校高等科2年を卒業するまで、戦争が続きました。

昭和20年4月、クラスの女子ではただひとり学徒動員に選ばれ、国鉄の駅で働くことになりましたが、当時はなんで私だけという疑念を持ちながらも、先生や両親から「国のため」といわれ、むしろ誇りに感じていたように思います。

ところが終戦後の報道などで、「沖縄では私と同年代の女学生が同じく学徒動員に出され、最期は自決を強いられた」「男子は少年兵として駆り出され、その多くが戦場で亡くなった」「広島や長崎では原爆が投下され、多くの人が亡くなった」――ことなどを知りました。これらのことが十分理解できたのは終戦後1年半ほど経ってからでしたが、前ぶれも相談もなく学徒動員に駆り出されたことが、戦争への憤《いきどお》りとなって心から消えませんでした。

住む土地や、学徒動員の受け入れ先によっては、私も沖縄の少年少女たちと同じ運命であったかもしれません。しかし、当時このような考えを発言できるような自由はなく、両親にさえ話すことができませんでした。

思想といえるほど論理的なものではありませんが、年を重ねる度に、反戦・反核の思いはいっそう高まり、同時に「命より大切なものはない」という思いが強くなりました。これが子どものころから今に至る、私の反戦・反核へと心昂《たかぶ》る理由です。戦争や核兵器は、決して許すことはできないと考えています。

終戦から80年近くが経ち、戦争体験者も、都市の惨状を知る人も少なくなりました。当時を語れる数少ないひとりであることを自覚し、孫やそのまた子どもたちのしあわせのために世界平和を訴え続けること。それが人生100年を生きられるようになった私たちに課せられた役割ではないかと思います。

白いご飯は〝幸福の味〟。人生100年を目指した健康づくりを。

私は、2024年4月に満93歳になります。

朝は6時に起き、身のまわりのことを片づけ、朝食をとります。食事は和食が多いです。職場の人から「洋食は手間がかからない」と聞きますが、私は和食のほうが慣れていて、栄養のバランスもいいように思っています。

幼いころのお弁当について、施設のご利用者さんと話しあうことがあります。まず、お弁当箱です。「アルマイトのお弁当箱だった」「竹かごだった」、はたまた「竹の皮で包んであった」という人もいました。

ご飯は、「ほとんどが麦飯」「たまに白米のご飯だった」と、また十人十色。おかずについて話しあった時は、みんな無言で首をかしげていました。

そして次の瞬間、口を揃えたように「日の丸弁当」と答えて笑いあいました。

「白いご飯はいいですね。炊き立てのご飯は、おかずなんかいりません」

お米が大好きな私だけでなく、白いご飯は人生90年を生きてきた人たちの体に染みついた幼少期の思い出であり、また〝幸福の味〟なのです。

お米には炭水化物、たんぱく質、脂質の3大栄養素が含まれています。日々、お米が主食の人は活動量を考え、たんぱく質やビタミン類を意識して栄養を摂取すること。肥満や糖尿病のある人はご飯の量を控え、野菜やお魚、肉などをバランスよくとるようにしたらよいと思います。

あきらめないで人生100年を目指して、これから先もがんばっていける体を維持していきたいと思います。

「白いご飯は〝幸福の味〟。人生100年を目指した健康づくりを。」

「定年は〝人生再構築の出発点〟です。どんどん新しいことに挑戦を。」

㉚年ほど前、「老後の生きがいを選んでください」として、①語学学習、②孫と遊ぶ、③ゲートボール、の3択から高齢者に選ばせるというテレビ番組を見ました。司会者は、数十人の大学生にも同じ質問をし、結果、高齢者も大学生も同じように、多くの人が「②孫と遊ぶ」を選んでいました。

今では、高齢者と孫との関係も変わってきました。孫のお守りができる親は、子どもと同居しているか、子ども夫婦が近くに住んでいるという場合です。

少なくとも昭和半ばまでは、孫を背中におんぶして働く嫁を助ける親の姿を

見かけたものですが、今では滅多に見られなくなりました。「孫と遊ぶ」ことを老後の生きがいだと答えた大学生も、間もなく前期高齢者に仲間入りします。彼らに、今改めて「老後の生きがい」について聞いてみたいと思います。

近年、お産、子育て、教育、病気、葬式など、多くは専門職の手に渡り、家や親、家族としての役割が薄れてきたように思います。「親孝行」という言葉も聞くことが少なくなり、クラブ活動や塾、習いごとで忙しい孫との会話も思うようにならず、「孫と遊ぶ」生きがいは遠い昔になったようにも感じます。

世の中は、急速に変化しています。私が働いている木津川市でも、後期高齢者の数が前期高齢者の数に迫り、増加しつつあります。そして、この傾向はこれからも続きます。人生100年時代を豊かに暮らしていくために、生産人口――すなわち働ける人材の不足は、これからの社会の重要な課題です。

定年を〝人生再構築の出発点〟と考え、自分にできる働き方に、どんどんと挑戦してもらいたいと思います。

「定年は〝人生再構築の出発点〟です。どんどんと新しいことに挑戦を。」

与えられた命を精一杯生き抜く桜。心に桜の花を咲かせましょう。

私の職場の周辺には50本ほどの染井吉野が植えてあります。平成13年4月の施設開設時に記念樹としていただいたものです。

毎年、3月の終わりから4月の半ばまで施設は満開の桜で賑わい、ご利用者さんが総出で庭に出て、職員の演奏にあわせて春の歌を歌ったり、おやつをいただいたりして花見を楽しんでいます。年々幹も太り、たくさんの人の歓声を聴きながら、両手を広げて抱えきれないほどたくましく成長してきました。

桜は花が終わると、やがて緑の新芽が芽吹き、葉桜へと誘《いざな》います。深い緑の夏が過ぎると、秋は紅葉です。濃くやや濁りのある紅色は、春の爽やかな緑葉と異なり、熟女のような華やかさをとどめているかのようです。

初冬の冷たい風がささやき始めると、葉が落ち、土表を枯れ葉で染めます。樹齢を語る幹は疲れた木肌を表しますが、しばらくすると滋養を吸い上げ、雨上がりの濡れた木肌のようにしっとりと息づき、新しく宿す蕾《つぼみ》のために準備を始めます。このように桜は、花も樹木も、与えられた命を精一杯生き抜くための自然の生業や命のあり様を教え続けています。

小学校に入学して、初めて描いた絵は、桜の木の下の1年生の私でした。その絵には、桜の木よりも大きな自分が描かれていて、母に笑われたものです。

あの子どもの時に描いた、自分の背丈よりも小さな桜の木。その時の思いは今では想像もできませんが、今ある心の桜は、花も木も大きく空に伸び、枝を広げ、その下で暮らす高齢者や働く人たちの心を癒やし、またくる春へと希望をつないでくれているのです。

「与えられた命を精一杯生き抜く桜。心に桜の花を咲かせましょう。」

転ばぬ先の杖は、あなたを元気に見せる魔法の杖。

93歳にもなると、体になんらかの不具合が起きても不思議ではない、そう思っているので、私自身は少々のことでは病院には行かないようにしています。とにかく今日一日、昨日までと同じように過ごせること。

今より元気に、今より行動範囲が広がるようになどと欲張らず、無理にならない方法で現状の体力、能力を維持していくこと。それが私のモットーです。

先日、ご近所さんが、「最近ふらふらするんです」とおっしゃいました。「転倒すると大変だから杖を持たれてはいかがですか」とお勧めすると、「まだ歩けるのに格好が悪い」とおっしゃいます。

杖をつくことは、格好が悪いことなんでしょうか？　私は歩くこともできるし、仕事もしていますが、15年ほど前から杖をついて外出しています。

私は、「いつどこで躓《つまず》いたり、転倒するかもわかりません。そうならないために杖をつくようにしました。昔から『転ばぬ先の杖』というように、転んでからでは遅い。私はそんな思いで早く杖を使っています」とお話ししました。

すると、「杖をつくと体が前にのめって腰が曲がるから」とのこと。

私は、「杖をついて姿勢を良くして歩けば、恰好悪くないですよ。むしろ、よろよろしてるより格好よく見えます」とお答えしました。

ご近所さんはどうにか納得されて、間もなく杖を購入されたようで、「杖をつくと楽ですね」と笑顔で話してくださいました。

その後ろ姿は安定し、歩かれる姿が今までより生き生きと、活気があふれているように見えました。

転ばぬ先の杖は、あなたを元気に見せる魔法の杖でもありましょう。

「転ばぬ先の杖は、あなたを元気に見せる魔法の杖。」

「愛する家族が困らないように、希望はわかりやすく書き残しておく。」

80歳をいくつかこえたご利用者さんの多くが、幸福そうなお顔で「早くお迎えにきてほしい」と漏らされるのを聞くことがありました。若いころは、その気持ちがよく理解できませんでした。しかし自分の加齢とともに、死は生まれたその時に与えられた約束事として受け入れられるようになりました。

高齢になって旅立つ場合、自分の言葉で思いを伝えられなくなりますから、自分が自分の言葉で伝えられるうちに気持ちを整理し、家族に伝えておかなければなりません。さて、その時どうするか？　私は思います。

痛みや苦痛を感じないようにしてほしい。食べられなくなっても胃瘻《いろう》をしたり高濃度の栄養剤の点滴などしないでほしい。意識がなくなっても救命装置をつけないでほしい。手術が必要な場合であっても手術はしないでほしい。

介護面に関しては、動けなくなった場所を最期の場所としたい。入院はさせないでほしい。最後まで入浴したい。できるだけ口から食べたい。静かな音楽をかけて、私の人生の思い出話や、友達や家族の話を聞かせてほしい。

葬式は極力簡素にし、後日思い出を語る会を開いてみんなで楽しんでほしい。

お墓は共同墓地に、骨は故郷《ふるさと》の土地に散骨してほしい。

こんなことを考えていますが、どのタイミングで家族に話せばいいのか、なかなか機会がありません。話す代わりに、思いついたことはできるだけ親しい人に話したりしていますが、肝心の息子には思うように伝えられていません。

その時がきて、愛する家族が困らないように、わかりやすくエンディングノートなどに書き残しておきたいと思う今日このごろです。

「愛する家族が困らないように、希望はわかりやすく書き残しておく。」

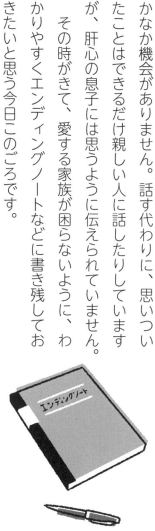

「50歳までは人生の午前であり、50歳から午後の人生が始まる。」

尊敬する聖路加《せいるか》国際病院の理事長を務められた日野原重明《ひのはらしげあき》先生は、105歳で亡くなられました。何度かお会いする中で、たくさんのことを学ばせていただきましたが、中でも、「自分の思いが相手に届いているかどうかを考えながら話をする。そのためにできるだけ誰にでもわかりやすい話し方を心がけている」と語られたことが、強く心に残っています。

先生のお話は、その多くが人の生活につながり、さっそく今日からそうしてみようと思えるような実用可能なヒントの宝庫になっているのです。

ある時、先生は、「50歳までは人生の午前であり、50歳から午後の人生が始まる」と話されました。また、こうもいわれました。

「私たちの脳細胞は千数百億個あります。左脳は計算、右脳はものを見たり、音楽や芸術を鑑賞して美しいと感じるといった仕事をしています。しかし、60歳までは学ぶことや仕事や育児などに忙殺され、こうした脳の働きや能力を使う時間が充分にありませんでした。だから、まだ手つかずの膨大な脳細胞が残されています。50歳からの午後の人生は、好きなことに没頭できる時間がある。70歳、80歳だって遅くはありません。まだまだ使える脳細胞がたくさん残っていると信じて、自分の午後の人生に賭けてみましょう」

私も93歳になります。50歳から始まった午後の人生も、黄昏《たそがれ》どきに至っています。しかし、先生から学んだ〝あきらめず〟〝自分を信じて〟午後の人生に賭けて生きています。

「Keep on going《キープ オン ゴーイング》（あきらめないで前に進め）」

日《ひ》野《の》原《はら》先生のメッセージを心に、手つかずの脳細胞に拍車をかけて、１００年人生を楽しみたいと思います。

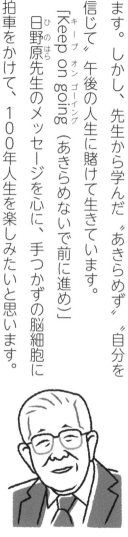

「〝残された命〟ではなく、〝新しい命〟と向きあいましょう。」

令和2年、人生100年時代に向けて、国は一生学び通せる「生涯学習社会の実現」に取り組み始めました。

令和3年の簡易生命表によると、日本人の平均寿命は男性81・47歳、女性87・57歳でした。昭和22年は、男女とも平均寿命は50歳代でした。戦後から平均寿命が30年も伸びたのです。過去、日本人は20歳前後から働き始め、定年を迎えるまで40年ほど働き、その後を余生と考えてきました。

当時は平均寿命が短く、それが当たり前だったのかもしれません。しかし、今では定年まで働いてきた年月と、ほぼ同じくらいの余生が待っています。

余生をどう生きるかは自由ですが、その後の長い人生を、孫の送り迎えやグラウンド・ゴルフをして過ごすだけでは、もったいないように思います。

余生を「老後」と読み替え、その過ごし方を考えてみましょう。

まず、今まで働いてきた経験が生かせることを考えます。あるいは自分の趣味を生かすため、趣味のスクールに参加して、自分にできることを新しく取得していきます。あるいは自分の体力や経験を生かして社会に貢献する。

たとえば、学童の見守り。地域の公園や公共施設などでの見守り。不自由な人の同伴などもやりがいのあることで、大いに推奨できます。

とにかく、「長年働いたからもうこれで十分。ゆっくり家で好きなことをして過ごします」というだけでは、すぐに老化が顔を出してきます。

超長寿社会を活性化していくことで、これからの少子化社会を豊かにし、あたたかい社会にしていきたいものですね。

余生は〝残された命〟のことではありません。〝新しい命〟と考えて、楽しく向きあっていきましょう。


「〝残された命〟ではなく、〝新しい命〟と向きあいましょう。」

「生きているからこその親孝行。今しかない、この時の尊《とうと》さを大切に。」

遠足の日、その朝は久しぶりの晴天でした。

「おはようございます。みなさん、今日は遠足ですよ」

キョトンとして私に目を向けられた加藤さん、「そんなん聞いてしません」。

その時、ひとりの男性が部屋に入ってこられました。初めて見る方でしたが、加藤さんそっくりの笑顔。私は、加藤さんに聞きました。

「あの男性の方、加藤さんの息子さんですか?」

「いいえ、違います。でも、私によう似た顔してはりますなー」と笑顔。

すると、男性が加藤さんに近寄り、「お母さん、おはようさん。今日は一緒に遠足に行くよ。洋服を準備してきたから着替えようか」と促《うなが》されました。

じっと男性を見つめていた加藤さん。

「先生、息子みたいです」

そう少し照れながら教えてくださり、息子さんのあとに従われました。

遠足はバラ園で、帰りのバスはみなさん車の揺れに誘われて夢の中。私は、加藤さんの息子さんに「今日はご参加いただきありがとうございました。加藤さん、とても気を張って、いい表情で過ごされましたね」と声をかけました。

加藤さんは難聴のために多少話がズレたりしますが、会話ができます。何回も聞き直される加藤さんに、大きな声で答えられていた息子さん。そこに心から信じあった母子の姿が見え、ほほえましく思ったことをお話ししました。

すると、息子さんは「ありがたいことです。母は87歳ですから、こんな機会は今日しかないかもしれません。なにも手伝えなくて、かえってお世話をかけてしまいました」と、さわやかな表情で話してくださいました。

素敵なご家族です。今しかない、この時の尊さを実感した一日でした。

「いつでも思い出し、いつでも帰りたい。そう思える故郷《ふるさと》づくりを。」

職場からの帰途、新祝園《しんほうその》駅から電車に乗り、自宅に向かいます。近鉄宮津《みやづ》駅から三山木《みやまき》駅あたりまで近鉄沿線に沿って、東側には田園風景が広がります。日々の疲れを癒やし、明日への希望を抱かせてくれる豊かな風景です。

ちょうど田植えが終わり、整然と間を取った田んぼに水が張られ、早苗《さなえ》がそよそよと初夏の風に揺らいでいます。私の実家は山裾の小さな農家でしたから、この広い田園風景はあこがれでもあります。と同時に、季節ごとにこつこつと田畑や家族を守ってきた両親の姿が目に浮かんでくるのです。

私の村では田植えや稲刈りには親戚や近所の人たちが「手間替え」といって、互いに労働を貸しあう習慣がありました。私の家は牛を飼っていましたので、祖父や父は牛のいない家の田起こしの手間替えに行ったものです。

水不足の時は村で氏神様《うじがみさま》にお願いし、雨乞いをしました。原始的ですが、こうした集落の在り方も今では崩壊し、新しい地域社会へと変化しました。

93歳になって、今年もまた田植えが終わろうとする景色に出会いました。豊作を祈りながらも心の奥に幼いころが甦り《よみがえ》、今再び、素朴なあの世界に戻れたらと郷愁に誘われます。自然と共生しながら、奢《おご》らず構えずに、人びとが生きてきた小さな共同体――その歴史にみなさんも想いを馳《は》せてほしいと思います。

デジタル化が進む世の中ですが、人々がこんな町に住みたい、そして、いつでも思い出し、いつでも帰りたい。そう思えるような故郷《ふるさと》づくりを、大正、昭和の時代をしっかり読み取り、参考にしながら、これからの地域づくりとして考えていかなければと思います。

目指せ110歳。明るい未来にホラを吹いたっていいでしょう。

ホームの施設長であった私は、市の介護予防事業のプログラムの一つとして、お年寄りの暮らしに参考になるような話を多くしてきました。

ホームのみなさんに話すのは毎週のことで、私も話の題材に困り、時には自分の思い出話や新聞のニュース記事、四方山《よもやま》話などジャンルを決めず、手あたり次第に続けていました。そのうち、みなさんが楽しみにしてくださり、話の内容をプリントしてほしいとの希望があり、700文字程度にまとめ、その都度持ち帰って読んでいただくようにしました。

最高齢100歳の武本さんは、体調の良い日には参加され、お休みの時はお連れの方が届けるからと持って帰ってくださいました。喜んでいただけるならと続けているうちに、200枚近いファイルがいっぱいになり、参加者から「出版しては」とのお声をいただき、令和2年に上梓《じょうし》しました。当時100歳だった武本さんが、元気で110歳を目指してがんばってくださるようにと願いながら、また私自身のためにも本の書名を『めざせ110歳!』としました。

近年、アルツハイマー型認知症の症状を緩和させる薬「レカネマブ」が新しく治療薬として承認されました。

また、病気になる前に、どんな病気になるかが予知診断でき、発症する前に治療が可能になるという報告が研究者から発信されています。

5年、あるいは10年先にはそういった医療が、一般の医療機関でも行われるのではないかと期待しています。

新しい時代は、きっと110歳でもまだ若い。120歳、130歳まで健康寿命を維持し、明るく元気で活動できる未来になるかもしれません。

明るい未来なら、ホラを吹いたっていいでしょう。

「認知症は早めに専門医に相談。人生を明るく元気で生き抜く。」

かつて、院内外を歩きまわる浜田さんという女性を、看護師たちが毎日のように院内外を捜しまわらなければいけないということがありました。

そんなある日、浜田さんの背中に、「この方は内科病棟の入院患者さんです。お見かけになったら、この電話番号に連絡してください」という大きな文字のゼッケンが縫いつけられていました。

こんな姿をご家族が見られたら情けないだろう――そう思い、みんなで話しあってゼッケンを外すことにしました。しかし、これという適切な看護方法が見つからず、やはり看護師がつききりで見守らなければなりません。

ご家族とも相談して、とうとう靴や靴下に名前を書くことになりました。

ちょうどそのころのことです。有吉佐和子《ありよしさわこ》さんの小説『恍惚《こうこつ》の人』が映画化されて上映されると聞き、ボランティアのみなさんと一緒に観に行きました。

映画を観たボランティアさんたちは、等しく感動しました。それからは認知症について理解しようと努力され、会話をしたり、一緒に歩いたりして、あたたかく浜田さんを見守ってくださるようになりました。

私は『恍惚《こうこつ》の人』を何度も読み、これからは認知症の患者さんが増えることを話題にし、「今から準備を」と話しあったものです。

認知症はこわい病気ではなく、加齢とともに誰もが罹《かか》る可能性がある病気だということは、今では多くの人が理解しています。しかし、まだまだ自宅や、高齢者施設においても適切なかかわりができているとはいえません。

認知症になっても、高血圧や糖尿病と同じように、気づいたら早く専門医に相談しましょう。残っている健康な脳細胞を活性化して、明るい100年人生を元気で生き抜きたいと思います。

「認知症は早めに専門医に相談。人生を明るく元気で生き抜く。」

「認知症の人を抱えるご家族は、早めに家族間の苦悩を軽くしましょう。」

嫁

いびりをすると評判の80歳のキヨさんは、戦争で夫を亡くし、以来、再婚もしないでひとり息子を育ててきました。息子が成長し、結婚するという時、キヨさんは「あんたの嫁は私が決める」といって猛反対しました。

息子は、そんな母親の気持ちをはねのけ、どうしても意中の女性と一緒になりたいと家を飛び出し、新生活を始めることを決心しました。

その後、「それではお母さんがかわいそうだ」と親戚の人が仲裁《ちゅうさい》に入り、なんとか互いに矛《ほこ》を収めて和解。盛大な結婚式を挙げ、息子夫婦も母親のキヨさんと一緒に暮らすようになりました。

やがて孫が生まれ、キヨさんは働きに出る嫁に孫の世話を任されることになりました。孫かわいさと、自分の役割ができたことで嫁に対する感情も次第におだやかになり、表面上はいい家族に見えました。

ところが孫が小学校に行くようになり、おばあちゃん離れが始まると、嫁が孫に対してそのように仕向けているのだろうという猜疑心《さいぎしん》が働き、嫁姑《よめしゅうとめ》の関係が再び悪化していきました。

同じころから、キヨさんに加齢による物忘れが始まりました。自分のしたことや物の置き場所を忘れる。火を消し忘れる。鍋の空焚きをしてしまうなどの失敗が多くなってきたのです。息子夫婦は、「生活のことは、もう母親に任せておけない」と思うようになりました。

こうした息子たちの気持ちは母親にも通じて、キヨさんは再び孤独になり、行き場のない不満をすべて嫁のせいにし、会う人ごとに「嫁がいびる」「私が反対しても押しかけてきた嫁だ」などといいふらすようになりました。

この様に、認知症の人を抱える家族は平穏《へいおん》な家庭を揺さぶらされ、悲しまされ、認知症と向きあって暮らしていかなければならなかったのです。

しかし、家族を決して責めないでほしいと思います。

認知症は早く適切にかかわっていくと、おだやかに暮らせたり、家族も楽につきあっていけるのですが、いろいろと確執が根深い場合は、こうした症状が身体能力が衰《おとろ》えるまで続くことがあります。

そんな場合は、思いきって介護サービスを利用し、早く家族間の苦悩を軽くしていかなければ、家族崩壊にまで及ぶような結果になりかねません。

「なにがなんでも家族で」という時代は終わりました。家族ひとりひとりのしあわせを守りながら、その上で、たとえ暮らしの場が離れていても、あたたかい気持ちで家族の愛情をつないでゆくことは可能だと思います。

認知症の人を抱えるご家族は、出口のない苦悩の森をいつまでも彷徨《さまよ》わないで、豊かな気持ちで暮らし続けられるような在り方を選択されるようにと願っています。

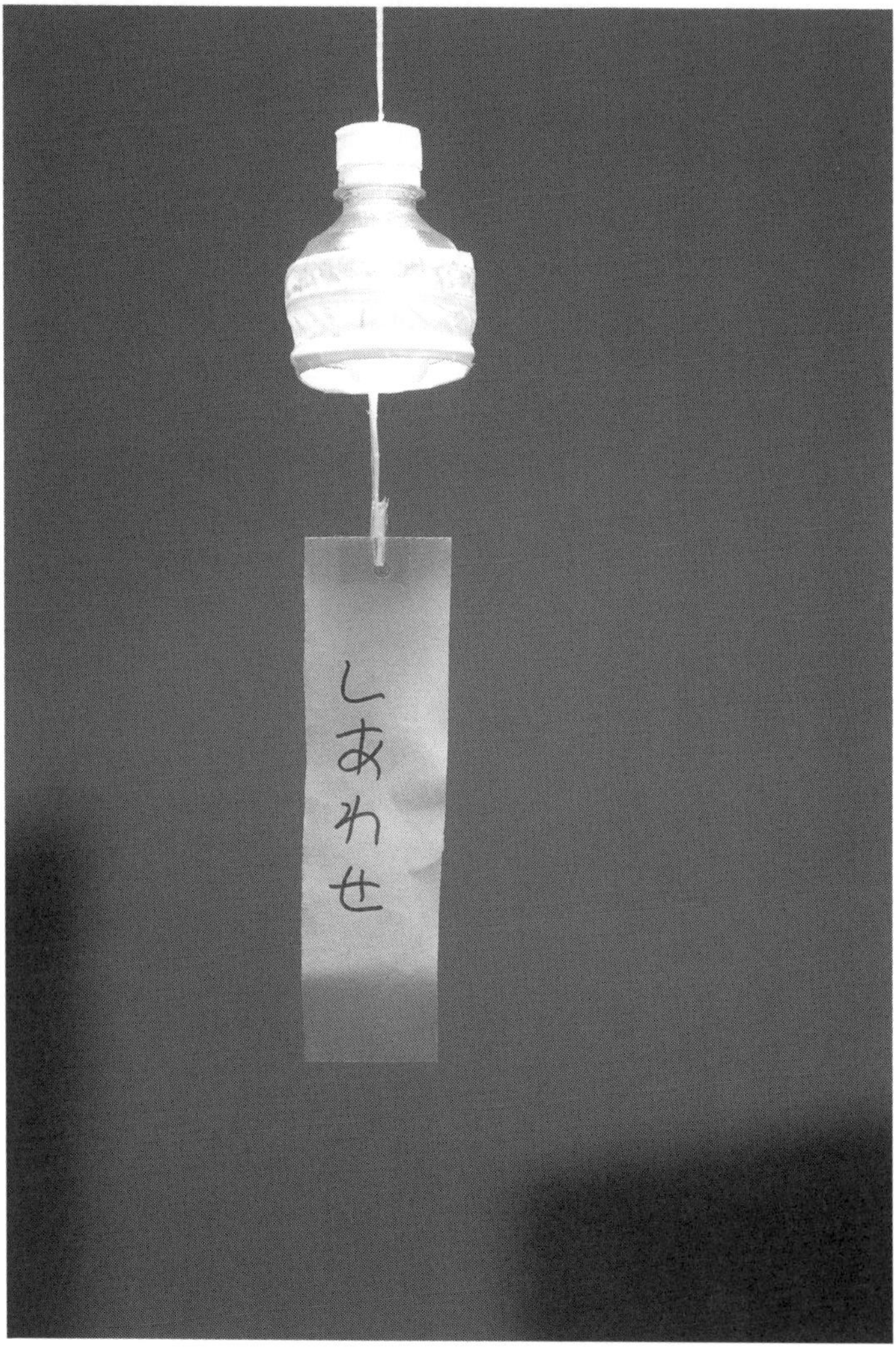

施設のご利用者さんがつくられた風鈴です。素晴らしい作品ですね。

ときめきを感じる心があれば、活気に満ちて生きていける。

8年ほど前、98歳の高田さんという女性がいました。日によって活気のある日とない日があり、どこか具合が悪いのかと話しかけてみました。すると意外や意外、読売ジャイアンツのスター選手、坂本勇人《さかもとはやと》選手が大好きで、彼がヒットやホームランが打てない日は元気が出ないのだそうです。

以来、私は高田さんとお会いする時の土産《みやげ》話にしようと、心がけて坂本選手の活躍を追いかけるようになり、お会いするたびに坂本選手の話をしました。すると、高田さんも私と会うことを楽しみにしてくださるようになったのです。

98歳で曾孫《ひまご》より若い青年に心を寄せ、その人の活躍を自分の孫の誉《ほまれ》のように心から喜んでおられた高田さん。若かったころには、きっと坂本選手のような明るいスポーツマンがお好みだったのでしょう。

また、野球用語にも通じておられる様子から広い知識欲のある方だとも感じ、私も高田さんと会うことを楽しみにしてお話をしていました。

お年の割にすっきりと背が高く、話される言葉にも曇《くも》りがなく、このような100歳を目指したい――そう思わせてくださる女性でした。その後、高齢であったこともあり、急に体調が悪化し、お目にかかる機会がなくなりました。

ある日、私は久しぶりにテレビで野球を鑑賞しながら、坂本選手の好プレイやホームランを見て、「高田さんはきっと、あのウキウキとした表情で今夜の活躍を話してくださるだろうな」と懐かしく思い出していました。

年齢に関係なく、なにか一つ、血が沸き立つほど興味や関心の持てることがあれば、90歳も100歳も活気に満ちて生きていけそうな気がします。

「素敵な夫婦愛をいつまでも。晩年はふたりに最良の選択を。」

今井さんの奥様はアルツハイマー型認知症となって自発性が失われ、会話も単独歩行もできなくなり、食事も介助が必要な状態になられました。

今井さんは、今までの妻の姿をできるだけ保ちたいと、毎日、ベッドから起こし、立位や歩行訓練を続けてこられたようです。

「自分が倒れるまで妻を介護したい」

今井さんは、お話を聞くたびにそうおっしゃっていました。ところが最近、加齢による体力の低下を感じ、これから先、自分の健康が損なわれた場合のことも考えられるようになりました。そんな折、私がお話をさせていただく機会がありました。そこで今井さんのご心配をお聞きし、奥様に対する愛情や、家で看《み》たいというお気持ちを聞きました。
私は、「80歳近い老々介護はどんなにたくましい人であっても、深い愛情があっても、やがて行き詰まる時がきます。そうなってから急いで次の対策をと考える場合、悲しいのは介護を受ける人であり、お互いの心配は、今ご主人が奥様を施設に預けられる以上に辛いものがあると思います。今なら、心配であればいつでも会いに行けますが、不自由になれば、それもできなくなります。

そう思うと、介護者が元気なうちに安心できる居場所を決められ、そこでの生活に慣れていただかれるほうがいいのでは……」とお話ししました。

今井さんは「その言葉に後押しされて決心しました」と、奥様の施設の利用を決めました。今井さんへの言葉に責任を感じながら、一日も早く、奥様が施設の暮らしに慣れてくださるようにと願っています。

そして、おふたりにとって豊かな日々が、いつまでも末永く続きますようにと祈っています。

「大切な人たちの最期に、感謝の気持ちを持ちましょう。」

私は、人生で大切な人の最期にかならず出会えました。そしてそのことが、私自身の人生の終《しま》い方に通じる道であってほしいと思っています。

物心ついて、初めて出会ったのが祖母の死でした。いつもそばにいてくれた大好きな祖母。当時5歳だった私は〝死〟を理解することができず、湯灌《ゆかん》をする親戚の人たちに「そんなことしたらあかん!」と責め立てたそうです。

そんな私に、「人はみな死んでいくのだ」と教えてくれたのは祖父でした。祖母の死を受け入れられたのは祖父の唱えるお経や、話してくれた仏教童話です。夕方になると西の空に沈む茜雲《あかねぐも》を見ながら、「あの雲の向こうに祖母がいる」と教えられ、そこが極楽だと教えられました。いつか私も行けるのだと、それは楽しみであり、喜びだったように記憶しています。

2番目に出会ったのは祖父の死でした。看護師として働き始めた年の4月、危篤を知らされて帰郷した翌日の昼に昇天。田植えの準備で忙しい時期で父は田んぼで働いていて、息を引き取る場面では、母と私のふたりきりでした。

父は、祖父を称《たた》えて盛大な葬儀をして送りました。この時、父の度量に感謝する母の気持ちが私にも伝わってきました。

3番目に出会ったのは元夫でした。私たちは別れてから何年も会うこともありませんでしたが、もともと病弱だった彼は50歳で肝臓ガンを病みました。

その後、病状の回復は望めず、余命数日との連絡を受けました。死の前日、まだ彼に意識のある間にと、息子や孫とともに最期のお別れに行きました。

添い遂げられなかったとはいえ、愛しい息子や孫を授かることができたことに心から感謝し、最期に会うことにとまどいはありませんでした。葬儀には息子家族が参加し、異母兄弟とともに賑やかに送られたと聞いて安堵しました。

それから数年後に母が亡くなりました。具合が悪いと兄から連絡をもらい、しばらく休みを取って帰郷したその夜、「帰ったんか」といい、間もなく「もう寝るわ」といって眠ったまま、その深夜に息を引き取りました。その夜、私は父と母と、母を真ん中にして川の字で休みました。

父に、「今の呼吸は最期の呼吸やで」というと、父は「ほんなことなかろう。まだええ顔しとる」と信じたくない様子でした。けっして愛情表現など見せなかった父の号泣を初めて見ました。いつも淡々としたように見えていた夫婦は、心から信じあっていたんだと、うらやましく思ったものです。

その4年後、4歳年上の母を追うように父もまた帰らぬ人となりました。両親ともに83歳でした。

膠原病《こうげんびょう》を患《わずら》った父は、亡くなる前日に自分の死を予知したようなことをいいました。旅立つ前夜は大福を半分食べ、入浴もしました。信じられないようなことですが、父は笑顔で万歳を2回繰り返し、息を引き取ったのです。

戦争経験のある父は、戦友を思い出しながら死んでいったのでしょうか。あるいは伸ばしたあの手は、母のもとに行くよと呼びかけているようにも見えました。父の大往生を目の前に、父のように旅立ちたい、そう思ったものです。

昭和の一農家で迎えた、大切な家族の最期を思い出すままに綴《つづ》ってみました。

それぞれに生き方も死に様も違いますが、変わらないのは肉親への愛です。残された者は切っても切れない絆《きずな》をいつまでも感じながら、さびしさに耐えているのだと思いました。

私たちは、さびしさとともに深まる慕情と感謝の気持ちを持つことで、暮らしをやさしく見守られているかのような豊かな気持ちになり、今に生きているのです。

思い出の家族の写真は目に見える場所で大切に飾っています。

「　大切な人たちの最期に、感謝の気持ちを持ちましょう。　」

「最期の看取りをお願いできる場所をあらかじめ決めておく。」

尾木さんの奥様が施設に入所されて1週間が経ったころ、ご主人が「ちょっと考えたいことがあるので話を聞いてほしい」とおっしゃいました。

「実は昨日、妻の機嫌が悪くて『怒っているのか』と聞くと、頷《うなず》いたんですよ。いつもならこんなにはっきりと意思表示ができないのに。施設にくるまでに私は何回も話したつもりでしたが、本人は納得できていないのでしょうか？　私は妻の人権を侵害しているのでしょうか？」ということでした。

正直、彼女の意識や反応から、「頷《うなず》いた」という返事は彼女の意識であったか、なんらかの弾《はず》みであったか、どちらとも決められない感じでした。

しかし長年、奥様に寄り添って介護してこられたご主人の姿勢、奥様の尊厳に対する精神に、私は敬意とともに、ただただ感動させられました。

「子に迷惑をかけないように」と、親としての考えから納得して入所される人もおられます。しかし、本心は「家族と一緒におだやかに暮らしたい」「今まで通り夫婦ふたりで暮らしたい」——そう思っておられると考えています。

「私たちはそれを十分理解しながら、この施設があってよかった、ここが私の居場所です、と思っていただけるような介護を目指しています」

充分ではなかったと思いますが、私はそのような思いを込めてお話をさせていただきました。そして、「尾木さんがそのように感じておられることが奥様の人権を尊重されていることであり、奥様をこの世で第一に考え、愛されていることの証《あかし》だと思います」とお伝えしました。

これからの時代はできるだけ自分の健康な時に、ひとりになった場合を考え、自分で判断し、最期の看取りをお願いできる場所をあらかじめ決めておくようにできたらと思うエピソードでした。

「誰もが尊厳ある老後について考え、準備をしていきましょう。」

ある日、ひとりの高齢者がぶつぶついいながら訴えにこられました。話を聞くと、「介護職の美子さんが、話を聞きながら『ウッソウ』『ウッソウ』を繰り返す。人の話を聞く時にあの態度はなんだ」ということでした。美子さんは、肯定する時に「ウッソウ」という口癖《くちぐせ》があったのです。それがこの高齢者の気持ちを苛立《いらだ》たせていたのでした。

またある時は、「机の上に置いていたシップ薬がなくなった。看護師が持っていったのだろう」と興奮して訴えにこられる高齢者もいました。看護師に聞くと、「空になっていたから新しいのを持っていこうと思いながら、ほかのことをして忘れていた」ということでした。

訪問看護では、小さな紙切れをゴミだと思ってゴミ箱に捨てて帰ってくると、間もなく電話がかかってきたこともあります。「あの看護師は黙って人の家の物をゴミ箱に捨てた!」と、ものすごい剣幕でした。

相手の気持ちを聴くこともなく、自分がいいと思う行為を実行する。作業としては完璧かもしれませんが、介護は人が対象であり、ものを扱う仕事ではありません。高齢者のプライド、縄張り、所有物などなど、こだわりはさまざまです。そのひとりひとりの心のサインに寄り添うために努力することこそが、介護の心なのです。

尊厳とは、その人を理解し、その人が安心して自分の気持ちをゆだねられること。その人の意思が生かされていてこそ、その人の尊厳が叶えられたといえるのではないでしょうか。

そしてひとりひとりが、いつか自分が行く道だと思って高齢期を見つめ、自分の尊厳ある老後の生き方について考え、準備していかなければと思います。

「106歳の最期の日まで。どういう死を迎えるか。」

高齢の加山さんが、106歳の最期を迎えられました。7人の姉妹の末っ子として育った彼女は貧しく、学校にも行かずに働いてきたそうです。

それでも彼女は自力で読み書きを習い、そろばんも堪能《たんのう》でした。戦後は某社長宅のお屋敷に住み込みで働き、雇用主の社長さんにも信頼され、病弱な社長夫人を家族のように助けてこられたそうです。

ところが平成になって胃ガンが見つかり、手術を受けました。経過はよかったのですが、年齢的にも働けない自分にはもはや居場所がないと考えてか、心を病むようになってしまいました。

しっかりした気性と、世話好きな加山さんにもう一度元気になってもらいたい。スタッフで話しあい、彼女に食事前後のテーブル拭きや掃除、花の水替え、お茶配りなどを手伝っていただくことにしました。すると、加山さんは自分に役割があることを喜び、毎日を楽しく過ごせるようになりました。ところが、悪いことに自室で転倒されて歩行が不自由になり、一日のほとんどをベッドで過ごされるようになりました。

ある日、「私、いくつになった？」と聞かれるので「106歳ですよ」と答えました。加山さんは、「そう。もういいわ。もうがんばらんでええわ」とニコリとされ、その後間もなく、食事介助に行っても「もういい」といってひと口も食べられません。以来、食事の拒否が続きました。

それから数日後、加山さんはおだやかに亡くなりました。

その日、窓の外には桜の花びらが風に吹かれて、うす緑の絨毯《じゅうたん》の上に散っていきました。まるで、加山さんの旅立ちを祝うような景色でした。

「気持ちがよいオシッコしてますか？　オシッコをあなどらないこと。」

体の中から気持ちよさを発信する、いくつかの感覚があります。よく眠れた朝は爽快感がありますが、しかし普段、排尿していて気持ちがいいと考える人は、あまりいないかもしれません。でもガマンの挙句《あげく》、やっとオシッコを出した時の爽快さは、きっと誰でも格別の気持ちよさでしょう。

私は手術後の患者さんの観察をしながら、術後の排尿量は回復へのしるしと考え、注意深く時間ごとに尿量をチェックしてきました。医療関係者は誰もがそうしていると思いますが、大きな手術後ほど尿量は状態を把握する上で大切な物差しになります。

高齢になると前立腺肥大になりやすく、オシッコが出にくくなり、尿切れも悪くなる人が少なくありません。症状が軽いうちに専門医にかかり、適切な治療を受けることで、その後の人生が楽に過ごせるのではないかと思います。

尿路感染症や膀胱炎《ぼうこうえん》、腎盂腎炎《じんうじんえん》などは高齢者によくある病気です。トイレに行くのが面倒だからと水分を控えた結果、腎盂腎炎《じんうじんえん》になられた高齢者は少なくありません。状態があと戻りできるうちに、しっかり治療を受けて気持ちのよい毎日を過ごしてほしいと思います。

健康な人は１日１５００から２０００ccほどの水分をとります。尿は腎臓《じんぞう》でつくられ、腎盂《じんう》や尿管を通って膀胱《ぼうこう》に溜まります。それが２００ccから３００ccほど溜まると膀胱《ぼうこう》内の圧が上がり、尿意をもよおして排尿が始まります。

途中尿線が途切れることなく、一気に気持ちよく排尿できれば気分も爽快です。水分をとるとだいたい３時間以内に尿となって排泄されます。

オシッコをくれぐれもあなどらないことです。

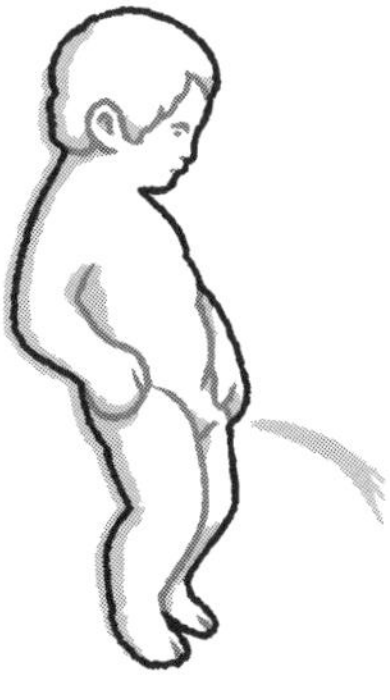

「おいしく食べて、いいウンコ。日ごろから食事とウンコに気を配る。」

以前の私は、ウンコのことを気にすることもなく健康でした。ところが10年前に人間ドックで初期の胃ガンが見つかり、手術を受けました。術後の結果は良好でしたが、10年たった今でも食べた物の量や質、食べる時間によって、胃がもたれたり胸やけがしたり、便秘や下痢などの症状がありま す。以来、手術前は気を遣《つか》わなくてよかった食事の量や質に、今まで以上に心を配るようになりました。

私のようになにかあってから注意するのではなく、健康なうちに少しだけ食事とウンコの関係に心を配り、日ごろから仲良くしていってほしいと思います。

口から入った食べ物は、食道を通って胃に入り、十二指腸を経て小腸に送られ、ドロドロにされて大腸に運ばれます。大腸では水分などが吸収され、ほどよい便の形になって、S状結腸から直腸に向かいます。

直腸内に一定量の便が溜まると、腸内の圧が上がって、「排便の準備ができました」という信号が脳の神経に送られます。すると、「それではがんばりなさい」という信号が脳から発信され、排便反射が働きます。

排便は、ほぼこのような仕組みになっていて、健康の維持、とりわけ食欲や生活へのエネルギーを生み出しています。

口から肛門までの長さは約9メートルの長旅で、食物を口にしてから排泄までの時間は1〜3日。小麦色で硬くなく、量はバナナ1本分くらい。便座に座って1分以内にウンコが顔を出せば理想的です。

痛みや無理のない息みでウンコが排泄され、排便後に快適感があるウンコが好ましいです。ウンコは、自分の体の中の生理的な働きです。やさしく気を遣《つか》ってあげましょう。

「脈拍は心臓機能のバロメーター。年に1～2回は専門医の診察を。」

新型コロナウイルス感染症の流行前、地域の人たちと週1回の介護予防教室を開いていました。この教室は参加者全員が体重、体温、血圧を測定し、体調の悪い人は椅子に座ったまま体操をします。この体操は、平均年齢が80歳近い参加者には厳しいのですが、目に見えて介護予防に役立っていました。

参加者の中には、毎回血圧の高い人や、あるいは脈の乱れがある人もおられます。脈の乱れは「期外収縮《きがいしゅうしゅく》」といって脈を打つ間隔が不規則になる状態で、夜更かしやコーヒーの飲みすぎ、不規則な生活や興奮などで起こることもあります。この状態が長く続いたり、動悸が度々する、咳《せき》がこみ上げるような感じがする、などの症状があれば、ぜひ専門医の診察を受けてほしいと思います。

この教室の参加者の西田さんは毎回不整脈があり、心配して診察を受けていただきました。医師から「期外収縮《きがいしゅうしゅく》でこの程度なら大丈夫」とのお墨付きをもらい、私たちも安心して参加していただいていました。

ところが新型コロナウイルス感染症で急にこの教室が中断。3年あまりが経過し、4年目にしてようやく久しぶりに西田さんが参加してこられました。かなり激しい不整脈だったので心配しましたが、お元気な表情で安心しました。

このようにかなり激しい不整脈でも日常生活にさほど影響しないこともありますが、脈拍は心臓機能のバロメーターです。不整脈のある方は充分気をつけて、かならず年に1~2回、専門医の診察を受けてほしいと思います。

かくいう私も冬場には時々不整脈があり、とくに就寝前は気がつくと寝つきが悪く、いよいよかと覚悟したりしますが、翌朝無事に目覚めると「ああ、生きていた」と大儲けしたように感動します。大変な状態にならないうちに、また専門医に診《み》てもらわなければ、と思いながら日々を重ねています。

「　脈拍は心臓機能のバロメーター。年に1～2回は専門医の診察を。　」

「脳の劣化は避けられない症状。だからこそ脳のトレーニングを。」

大 脳皮質は、言葉や思考など、人間としての精神活動の源《みなもと》になる信号を各部から受け取り、体全体の働きを調整し、大脳の中でも一番重要な役割を果たしています。脳の各部の働きを見てみましょう。

左脳は言語や計算を司《つかさど》り、右脳は知覚や感性を司《つかさど》っていますが、日本人は主に左脳を使い過ぎといわれています。右脳のトレーニングにはあと出しじゃんけん、将棋、囲碁、絵画、プラモデルの製作などが効果があるとされます。

前頭葉は思考、学習、推論など高度な知的活動を営み、やる気を高める働きをしています。前頭葉の脳トレには散歩や体操が効果的で、独創性のある作業や演奏、編み物、積み木なども有効です。

頭頂葉は、計算や言語を読み解く働きをし、空間認知に関わります。頭頂葉の脳トレには読書、音読、写経などが効果的です。

側頭葉は、形の認知、聴覚などを働きとします。側頭葉の脳トレは日記を書く、写経をする。あるいは音楽や落語、ラジオを聴くなどが有効です。

後頭葉は視覚などを受け持ち、美しいものや楽しいことにより刺激されます。絵画や写真、景色を見たり、草花をめでるなどが効果的です。

さらに脳細胞を減らさないことが大切です。脳細胞は日々減っていきます。今のところ脳細胞を増やす方法はありませんが、脳を活性化すると、脳細胞が減りにくくなることがわかってきました。脳全体を元気にするために、1日20〜30分ほど楽しく歩き、左右の脳をバランスよく使いましょう。

すべての人が、人生の晩節に脳細胞が減少することは避けられない症状です。脳のトレーニングをあなどらず、毎日少しずつ続けて脳細胞の活性化を図り、できるだけ元気に活動できる日々が続くように努力していきましょう。

「脳の劣化は避けられない症状。だからこそ脳のトレーニングを。」

「悪評が高かった貧乏ゆすり。でも、意外と体にいいんだそうよ。」

私は生まれつき右足が少し短く、足自体も平均より1センチほど小さいのです。そのため、歩行時やスクワットをする時に体のバランスが悪く、足を引きずるために右足をよく躓《つまず》きます。

60歳くらいまではそれほど意識していなかったのですが、高齢になって気をつけていないと躓《つまず》くという状態を度々経験するようになりました。

そんな折り、「貧乏ゆすりが足の健康にいいよ」という話を耳にしました。

子どものころ、貧乏ゆすりは「行儀が悪い」「貧乏くさい」とよく親から叱《しか》られたものです。その貧乏ゆすりが足の健康にいいだなんて話に意外性もあり、これは介護予防や健康法で使えるかなと、そんな思いで貧乏ゆすりをトレーニングに取り入れてみようと思いました。

とくに元気に歩くのではなく、貧乏ゆすりはその場に座って足をゆするだけでいいのです。少しの時間があれば簡単に取り組めます。

ふくらはぎは第二の心臓といわれ、足腰に溜まりやすい血液を心臓に送り返すポンプの役割をしています。この筋肉が伸縮することによって、圧迫されていた血管が解放されて血行が改善され、女性の冷え性や手足のむくみを解消してくれるのです。貧乏ゆすりは、このふくらはぎの筋肉を伸縮させるのに有効なトレーニングです。現在は「ジグリング」とも呼ばれています。

また、貧乏ゆすりは股関節症の治療にも活用されているとの報告がありました。会議の時や電車の中などでゆすられるとイライラされ、悪評の高かった貧乏ゆすりですが、思わぬ効用があることがわかってきました。人前ではなかなかできないと思いますが、密かに貧乏ゆすりをして血液の循環を改善し、活気のある毎日を送れるように少しずつ取り組んでみてはいかがでしょう。

「年だからとあきらめないこと。最期まで美しく装って楽しい人生を。」

私の一日は6時に起床、ベッドでしばらく足を上げたり足踏みをしたり、体を揺すったり、節々がスムーズに動くように整え、それから朝の整容にかかります。丹念に歯を磨《みが》き、うがいをします。口の中に違和感があればすぐに手当てをし、食欲不振や口臭の原因をつくらないように心がけています。

仕事の日は一日中、多くの人に自分の姿を見せるのですから、出会った人に不快感を与えないよう、身だしなみに気をつけます。とくに最近、加齢とともに増えてきたシミやシワが、少しでも目立たないようにファンデーションで抑え、眉《まゆ》を引きます。若い人と一緒に働くのですから、疲れた様子や哀《あわ》れな姿は見せたくありません。いつも活気のある表情でいたいと考えています。

衣服の清潔やヘアスタイルにも注意しています。髪がバラつかないこと、艶《つや》があることに気を遣《つか》っています。艶《つや》がないと、なんとなく老けた感じがする気がして、微香性の艶《つや》出《だ》しスプレーをしています。

看護学生のころから、「きれい」「かわいい」などといわれることはまずなく、奇抜な顔で通っていました。高齢になって、その奇抜な顔も仕草や表情、話し方でカバーできるように思えるようになり、患者さんやお年寄りの方から「いつもお元気ですね」と声をかけていただくことが多くなりました。

その言葉を裏切らないように、自分が元気でいることも、みなさんを元気にする上で大切なんだと考えています。

いつまでも若くありたいと思う気持ちは、みんな同じではないでしょうか。自分なりの美しさを保つために、ちょっと気を配って簡単なお化粧をたしなむことで、若さや元気が維持できるように思います。年だからとあきらめないこと。最期まで美しく装って楽しい人生だったと、笑顔で旅立ちたいと思います。

「年だからとあきらめないこと。最期まで美しく装って楽しい人生を。」

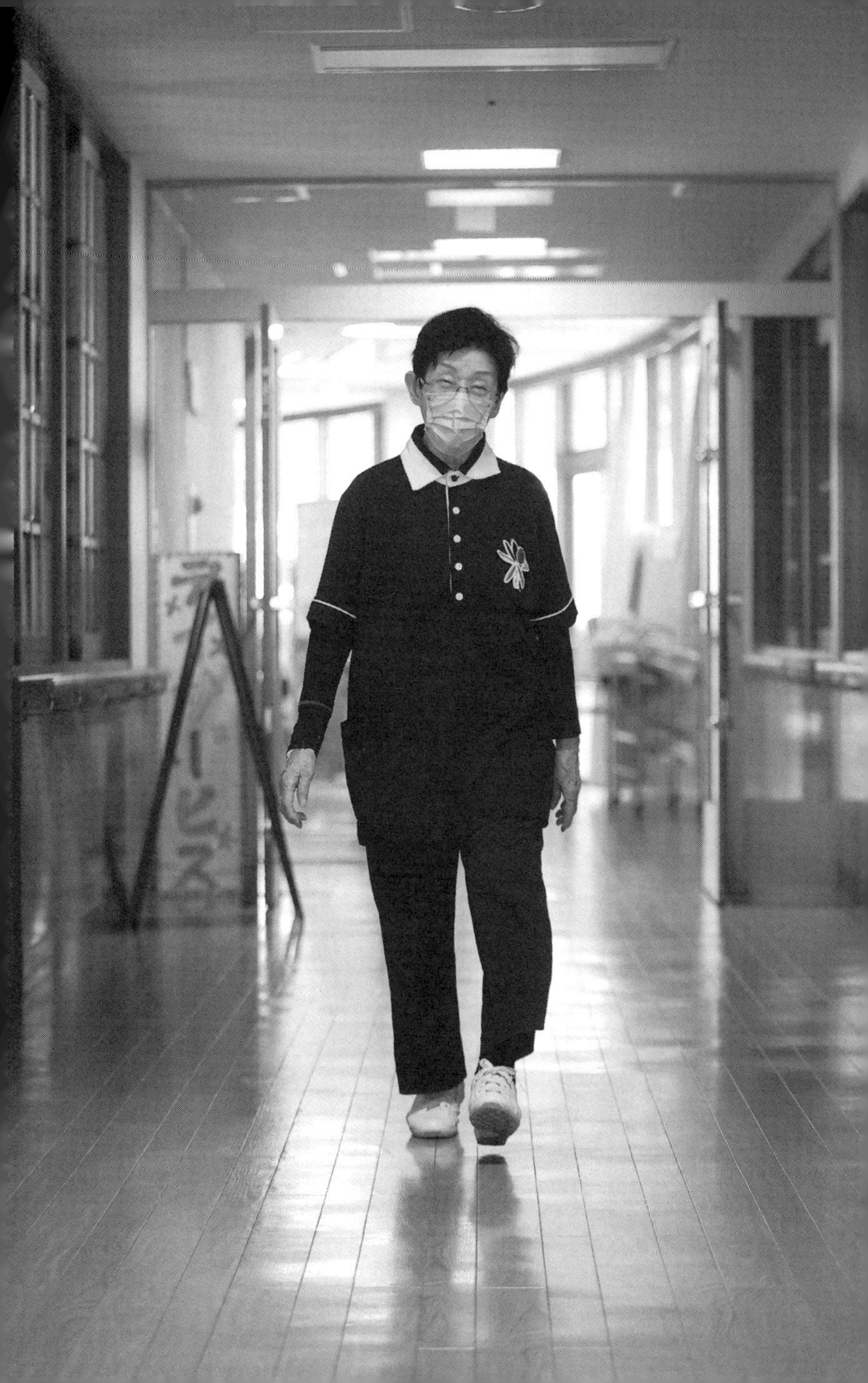

あとがき

私は、新聞で小中学生の作文をよく読みます。子どもたちの素直でやさしい視線がいつも心を和《なご》ませてくれます。私も子どもたちの作文に匹敵するような文章が書きたい――そう思ってこの本を書きました。

肩が凝《こ》らず、「なるほど、そんなこともあるわね」と一緒になって思い出したり、考えて頂けたりするようにと願って、感じたこと、思うことを書き綴《つづ》ってきました。

看護師になってから70年余り、他の人と比べると活動の期間が20年以上長いわけです。40年働き、40年余生を楽しむという人々の生き方には納得できません。

私は病院を定年退職後、知識を生かしながら老人保健施設の運営に携《たずさ》わりました。福祉を学び、69歳で特別養護老人ホームの開設準備にかかわり、施設長として80歳まで勤め、その後は顧問として介護現場に顔を出し、できることを手伝っています。今も毎日わくわくした気分で働いています。

直接高齢者の傍《かたわら》に座って話したり、一緒に歩いたり、体をさすったり、歌ったりすることはあこがれでした。今、ようやく自分流の看護と介護の融合したケアの探索に踏み出すことができたと感じています。

介護も看護もチャンスを逃さず、相手に

呼吸をあわすことが命です。医療的にかかわりが薄くなった人も、愛情や暮らし方、その人の趣味や嗜好《しこう》を知りながらケアすることで、命の質を高めることができます。

「おじいさん男前やね」――無気力だった高齢者がそのひと言で元気になって食事を食べるようになられたということもありました。介護の評価は難しいですが、五感で受け止め、心に刻まれる芸術のように人をしあわせにできる大きな力を持っています。

人間として誇れるこの職業を、介護現場で働く皆さんが誇りをもって携《たずさ》わっていけるように、心からお願いしたいと思います。

これからは高齢者が増え、認知機能障害の高齢者も多くなります。予防は、体力も脳の働きも若く保つこと。認知機能障害はできるだけあと回しに――そのためにも、ぜひこの本を読んでください。社会の進歩に取り残されないように、頭にたくさんの情報を集めながら110歳人生を目指し、いきいきと暮らしていきましょう。

最後に、本書の制作にあたりご指導いただきました編集の中田さん、Ｇａｋｋｅｎのみなさん。何かとお世話になった同志社大学の杉原百合子教授、友人の村井多賀子さん。ご支援をいただいた社会福祉法人楽慈会の皆様に心より御礼申し上げます。

２０２４年３月吉日　細井恵美子

2024年4月2日　第1刷発行

93歳、支えあって生きていく。

著＝細井 恵美子
装丁・本文デザイン＝中田 薫（有限会社EXIT）
写真＝徳永徹
挿絵＝安斉 将（安斉研究所）
編集協力＝中田 薫（有限会社EXIT）、村井 多賀子
撮影協力＝社会福祉法人楽慈会 山城ぬくもりの里
校　正＝Gakken品質管理グループ校閲チーム、合同会社こはん商会

発行人＝土屋 徹
編集人＝滝口 勝弘
企画編集＝石尾 圭一郎
発行所＝株式会社Gakken　〒141-8416 東京都品川区西五反田2-11-8
印刷所＝中央精版印刷株式会社
DTP＝株式会社アド・クレール

〈この本に関する各種お問い合わせ先〉
・本の内容については、下記サイトのお問い合わせフォームよりお願いします。
https://www.corp-gakken.co.jp/contact/
・在庫については　Tel 03-6431-1201（販売部）
・不良品（落丁、乱丁）については　Tel 0570-000577
学研業務センター　〒354-0045 埼玉県入間郡三芳町上富279-1
・上記以外のお問い合わせは　Tel 0570-056-710（学研グループ総合案内）

日本音楽著作権協会（出）許諾第2401303-401号